U0642469

纸扎
纸剪

湘西苗族
民间传统文化丛书
[第二辑]

石寿贵◎编

中南大学出版社
WWW.CSUPRESS.COM.CN

图书在版编目（CIP）数据

纸扎纸剪／石寿贵编. —长沙：中南大学出版社，
2020.12

（湘西苗族民间传统文化丛书. 二）

ISBN 978-7-5487-4267-8

Ⅰ.①纸… Ⅱ.①石… Ⅲ.①苗族—祭祀—民族文化
—介绍—湘西土家族苗族自治州 Ⅳ.①K892.29

中国版本图书馆 CIP 数据核字（2020）第 236603 号

纸扎纸剪
ZHIZHA ZHIJIAN

石寿贵　编

□责任编辑	陈应征
□责任印制	易红卫
□出版发行	中南大学出版社
	社址：长沙市麓山南路　　　邮编：410083
	发行科电话：0731-88876770　　传真：0731-88710482
□印　　装	湖南省众鑫印务有限公司

□开　本	710 mm×1000 mm 1/16	□印张 12	□字数 215 千字	□插页 2
□版　次	2020 年 12 月第 1 版	□2020 年 12 月第 1 次印刷		
□书　号	ISBN 978-7-5487-4267-8			
□定　价	118.00 元			

图书出现印装问题，请与经销商调换

出版说明

罗康隆

　　少数民族文化是中华民族宝贵的文化遗产，是中华文化的重要组成部分，是各民族在几千年历史发展进程中创造的重要文明成果，具有丰富的内涵。搜集、整理、出版少数民族文化丛书，不仅可以为学术研究提供真实可靠的文献资料，同时对继承和发扬各民族的优秀传统文化，振奋民族精神，增强民族团结，促进各民族的发展繁荣，意义深远。随着全球化趋势的加强和现代化进程的加快，我国的文化生态发生了巨大变化，非物质文化遗产受到越来越大的冲击。一些文化遗产正在不断消失，许多传统技艺濒临消亡，大量有历史、文化价值的珍贵实物与资料遭到毁弃或流失境外。加强我国非物质文化遗产的保护已经刻不容缓。

　　苗族是中华民族大家庭中较古老的民族之一，是一个历史悠久且文化内涵独特的民族，也是一个久经磨难的民族。纵观其发展历史，是一个不断迁徙与适应新环境的历史发展过程，也是一个不断改变旧生活环境、适应新生活环境的发展历程。迁徙与适应是苗族命运的历史发展主线，也是造就苗族独特传统文化与坚韧民族精神的起源。由于苗族没有自己独立的文字，其千百年来的历史和精神都是通过苗族文化得以代代相传的。苗族传统文化在发展的过程中经历的巨大的历史社会变迁，在一定程度上影响了苗族传统文化原生态保存，这也就使对苗族传统文化的抢救成了一个迫切问题。在实际情况中，其文化特色也是十分丰富生动的。一方面，苗族人民的口头文学是极其发达的，比如内容繁多的传说与民族古歌，是苗族人民世世代代的生存、奋斗、探索的总结，更是苗族人民生活的百科全书。苗族的大量民间传说也是苗族民间文学的重要组成部分，它所蕴含的理论价值体系是深深植入苗族社会的生产、生活中的。另一方面，苗族文化中的象形符号文化也是极其发达的，这些符号成功地传递了苗族文化的信息，从而形成了苗族文化体系的又一特点。苗族人民的生活实践也是苗族传统文化产生的又一来源，形成了一整套的文化生成与执行系统，使苗族人民的文化认同感和族群意识凸显。传统文化存在的意义是一种文化多元性与文化生态多样性的有机结合，对苗族文化的保护，首先就要涉及对苗族民间传统文化的保护。

《湘西苗族民间传统文化丛书》立足苗族东部方言区，从该方言区苗族民间传统文化的原生性出发，聚焦该方言区苗族的独特文化符号，忠实地记录了该方言区苗族的文化事实，着力呈现该方言区苗族的生态、生计与生命形态，揭示出该方言区苗族的生态空间、生产空间、生活空间与苗族文化的相互作用关系。

本套丛书的出版将会对湘西苗族民间传统文化艺术的抢救和保护工作提供指导，也会为民间传统文化艺术的学术理论研究提供有益的帮助，促进民间艺术传习进入学术体系，朝着高等研究体系群整合研究方向发展；其出版将会成为铸牢中华民族共同体意识的文化互鉴素材，成为我国乡村振兴在湘西地区落实的文化素材，成为人类学、民族学、社会学、民俗学等学科在湘西地区的研究素材，成为我国非物质文化遗产——苗族巴代文化遗产保护的宝库。

(作者系吉首大学历史与文化学院院长、湖南省苗学学会第四届会长)

《湘西苗族民间传统文化丛书》
编 委 会

主　任　　刘昌刚

副主任　　卢向荣　　龙文玉　　伍新福　　吴湘华

成　员　　（按姓氏笔画排序）

石开林　　石茂明　　石国鑫　　石金津

石家齐　　石维刚　　龙　杰　　龙宁英

龙春燕　　田特平　　伍秉纯　　向民航

向海军　　刘世树　　刘自齐　　李　炎

李敬民　　杨选民　　吴钦敏　　吴晓东

吴新源　　张子伟　　张应和　　陈启贵

罗　虹　　罗康隆　　胡玉玺　　侯自佳

唐志明　　麻荣富　　麻美垠　　彭景泉

总 序

刘昌刚

  苗族是一个古老的民族，也是一个世界性的民族。据 2010 年第六次全国人口普查统计，我国苗族有 940 余万人，主要分布在贵州、湖南、云南、四川、广西、湖北、重庆、海南等省区市；国外苗族约有 300 万人，主要分布于越南、老挝、泰国、缅甸、美国、法国、澳大利亚等国家。

一

  《苗族通史》导论记载：苗族，自古以来，无论是在文臣武将、史官学子的奏章、军录和史、志、考中，还是在游侠商贾、墨客骚人的纪行、见闻和辞、赋、诗里，都被当成一个神秘的"族群"，或贬或褒。在中国历史的悠悠长河中，苗族似一江春水时涨时落，如梦幻仙境时隐时现，整个苗疆，就像一本无字文书，天机不泄。在苗族人生活的大花园中，有着宛如仙境的武陵山、缙云山、梵净山、织金洞、九龙洞以及花果山水帘洞似的黄果树大瀑布等天工杰作；在苗族的民间故事里，有着极古老的蝴蝶妈妈、枫树娘娘、竹筒兄弟、花莲姐妹等类似阿凡提的美丽传说；在苗族的族群里，嫡传着槃瓠(即盘瓠)后世、三苗五族、夜郎子民、楚国臣工；在苗族的习尚中，保留着八卦占卜、易经卜算、古傩祭祀、老君法令和至今仍盛行着的苗父医方、道陵巫术、三峰苗拳……在这个盛产文化精英的民族中，走出了蓝玉、沐英、王宪章等声震全国的名将，还诞生了熊希龄、滕代远、沈从文等政治家、文学家、教育家。闻一多在《伏羲考》一文中认为延维或委蛇指伏羲，是南方苗之神。远古时期居住在东南方的人统称为夷，伏羲是古代夷部落的大首领。苗族人民中确实流传着伏羲和女娲的传说，清初陆次云的《峒溪纤志》载："苗人腊祭日报草。祭用巫，设女娲、伏羲位。"历史学家芮逸夫在《人类学集刊》上发表的《苗族洪水故事与伏羲、女娲的传说》中说："现代的人类学者经过实地考察，才得到这是苗族传说。据此，苗族全出于伏羲、女娲。他们本为兄妹，遭遇洪水，人烟断绝，仅此二人存。他们在盘古的撮合下，结为夫妇，绵延人类。"闻一多还写过《东皇太一考》，经他考证，苗族里的伏羲就是《九歌》里的东皇太一。

《中国通史》（范文澜著，人民出版社 1981 年版第 1 册第 19 页）载："黄帝族与炎帝族，又与夷族、黎族、苗族的一部分逐渐融合，形成春秋时期称为华族、汉以后称为汉族的初步基础。"远古时代就居住在中国南方的苗、黎、瑶等族，都有传说和神话，可是很少见于记载。一般说来，南方各族中的神话人物是"槃瓠"。三国时徐整作《三五历纪》吸收"槃瓠"入汉族神话，"槃瓠"衍变成开天辟地的盘古氏。

在历史上，苗族为了实现民族平等，屡战屡败，但又屡败屡战，从不屈服。苗族有着悠久、灿烂的文化，为中华文化的形成和发展做出了巨大贡献，在不同的历史阶段，涌现出了许多可歌可泣的英雄人物。

苗族不愧为中华民族中的一个伟大民族，苗族文化是苗族几千年的历史积淀，其丰厚的文化底蕴成就了今天这部灿烂辉煌的历史巨著。苗族确实是一个灾难深重的民族，却又是一个勤劳、善良、富有开拓性与创造性的伟大民族。苗族还是一个世界性的民族，不断开拓和创造着新的历史文化。

历史上公认的是，九黎之苗时期的五大发明是苗族对中国文化的原创性贡献。盛襄子在其《湖南苗史述略·三苗考》中论述道："此族（苗族）为中国之古土著民族，曾建国曰三苗。对于中国文化之贡献约有五端：发明农业，奠定中国基础，一也；神道设教，维系中国人心，二也；观察星象，开辟文化园地，三也；制作兵器，汉人用以征伐，四也；订定刑罚，以辅先王礼制，五也。"

苗族历史可以分为五个时期：先民聚落期（原始社会时期）、拓土立国期（九黎时期至公元前 223 年楚国灭亡）、苗疆分理期（公元前 223 年楚国灭亡至 1873 年咸同起义失败）、民主革命期（1873 年咸同起义失败到 1949 年中华人民共和国成立）、民族区域自治期（1949 年中华人民共和国成立至今）。相应地，苗族历史文化大致也可以分为五个时期，且各个时期具有不尽相同的文化特征：第一期以先民聚落期为界，巫山人进化成为现代智人，形成的是原始文化，即高庙文明初期；第二期以九黎、三苗、楚国为标志，属于苗族拓土立国期，形成的是以高庙文明为代表的灿烂辉煌的苗族原典文化；第三期是以苗文化为母本，充分吸收了诸夏文化，特别是儒学思想形成高庙苗族文化；第四期是苗族历史上的民主革命期（1872 年咸同起义失败到 1949 年中华人民共和国成立），形成了以苗族文化为母本，吸收了电学、光学、化学、哲学等基本内容的东土苗汉文化与西洋文化于一体的近现代苗族文化；第五期是苗族进入民族区域自治期（1949 年中华人民共和国成立至今），此期形成的是以苗族文化为母本，进一步融合传统文化、西方文化、当代中国先进文化的当代苗族文化。

二

苗族是我国一个古老的人口众多的民族，又是一个世界性的民族。她以其悠久的历史和深厚的文化而著称于世，传承着历史文化、民族精神。由田兵主编的《苗族古歌》，马学良、今旦译注的《苗族史诗》，龙炳文整理译注的《苗族古老话》，是苗族古代的编年史和苗族百科全书，也是苗族最主要的哲学文献。

距今 7800—5300 年的高庙文明所包含的不仅是一个高庙文化遗址，其同类文化遍布亚洲大陆，其中期虽在建筑、文学和科技等方面不及苏美尔文明辉煌，却比苏美尔文明早 2300 年，初期文明程度更高，后期又不像苏美尔文明那样中断，是世界上唯一一直绵延不断、发展至今，并最终创造出辉煌华夏文明的人类文明。在高庙文化区域的常德安乡县汤家岗遗址出土有蚩尤出生档案记录盘。

苗族人民口耳相传的"苗族古歌"记载了祖先"蝴蝶妈妈"及蚩尤的出生：蝴蝶妈妈是从枫木心中变出来的。蝴蝶妈妈一生下来就要吃鱼，鱼在哪里？鱼在继尾池。继尾古塘里，鱼儿多着呢！草帽般大的瓢虫，仓柱般粗的泥鳅，穿枋般大的鲤鱼。这里的鱼给她吃，她好喜欢。一次和水上的泡沫"游方"（恋爱）怀孕后生下了 12 个蛋。后经鹤字鸟（有的也写成鸡字鸟）悉心孵养，12 年后，生出了雷公、龙、虎、蛇、牛和苗族的祖先姜央（一说是龙、虎、水牛、蛇、蜈蚣、雷和姜央）等 12 个兄弟。

《山海经·卷十五·大荒南经》中也记载了蚩尤与枫树以及蝴蝶妈妈的不解之缘："有宋山者，有赤蛇，名曰育蛇。有木生山上，名曰枫木。枫木，蚩尤所弃其桎梏，是为枫木。有人方齿虎尾，名曰祖状之尸。"姜央是苗族祖先，蝴蝶自然是苗族始祖了。

澳大利亚人类学家格迪斯说过:"世界上有两个苦难深重而又顽强不屈的民族,他们就是中国的苗族和分散在世界各地的犹太民族。"诚如所言,苗族是一个灾难深重而又自强不息的民族。唯其灾难深重,才能在磨砺中锤炼筋骨,迸发出民族自强不屈的魂灵,撰写出民族文化的鸿篇巨制。近年来,随着国家民族政策的逐步完善,对寄寓在民族学大范畴下的民族历史文化研究逐步深入,苗族作为我国少数民族百花园中的重要一支,其悠远、丰厚的历史足迹与文化遗址逐渐为世人所知。

　　苗族口耳相传的古歌记载,苗族祖先曾经以树叶为衣、以岩洞或树巢为家、以女性为首领。从当前一些苗族地区的亲属称谓制度中,也可以看出苗族从母权制到父权制、从血缘婚到对偶婚的演变痕迹。诸如此类的种种佐证材料,无不证明着苗族的悠远历史。苗族祖先凭借优越的地理条件,辛勤开拓,先后发明了冶金术和刑罚,他们团结征伐,雄踞东方,强大的部落联盟在史书上被冠以"九黎"之称。苗族历史上闪耀夺目的九黎部落首领是战神蚩尤,他依靠坚兵利甲,纵横南北,威震天下。但是,蚩尤与同时代的炎黄部落逐鹿中原时战败,从此开启了漫长的迁徙逆旅。

　　总体来看,苗族的迁徙经历了从南到北、从北到南、从东到西、从大江大河到小江小河,乃至栖居于深山老林的迁徙轨迹。五千年前,战败的蚩尤部落大部分南渡黄河,聚集江淮,留下先祖渡"浑水河"的传说。这一支经过休养生息的苗族先人汇聚江淮,披荆斩棘,很快就一扫先祖战败的屈辱和阴霾,组建了强大的三苗集团。然而,历史的车轮总是周而复始的,他们最终还是不敌中原部落的左右夹攻,他们中的一部分到达西北并随即南下,进入川、滇、黔边区。三苗主干则被流放崇山,进入鄱阳湖、洞庭湖腹地,秦汉以来不属王化的南蛮主支蔚然成势。夏商春秋战国乃至秦汉以降的历代正史典籍,充斥着云、贵、湘地南蛮不服王化的"斑斑劣迹"。这群发端于蚩尤的苗族后裔,作为中国少数民族的重要代表,深入武陵山脉心脏,抱团行进,男耕女织,互为凭借,势力强大,他们被封建统治阶级称为武陵蛮。据史料记载,东汉以来对武陵蛮的刀兵相加不可胜数,双方各有死伤。自晋至明,苗族在湖北、河南、陕西、云南、江西、湖南、广西、贵州等地辗转往复,与封建统治者进行了长期艰苦卓绝的不屈斗争。清朝及民国,苗族驻扎在云南的一支因战火而大量迁徙至滇西边境和东南亚诸国,进而散发至欧洲、北美、澳大利亚。

　　苗族遂成为一个世界性的民族!

三

　　苗族同胞在与封建统治者长期的争夺征战中，不断被压缩生存空间，又不断拓展生存空间，从而形成了其民族极为独特的迁徙文化现象。苗族历史上没有文字，却保存有大量的神话传说，他们有感于迁徙繁衍途中的沧桑征程，对天地宇宙产生了原始朴素的哲理认知。每迁徙一地，他们都结合当地实际，丰富、完善本民族文化内涵，从而形成了系列以"蝴蝶""盘瓠""水牛""枫树"为表象的原始图腾文化。苗族虽然没有文字，却有丰富的口传文化，这些口传文化经后人整理，散见于贵州、湖南等地流传的《苗族古歌》《苗族古老话》《苗族史诗》等典籍，它们承载着苗族后人对祖先口耳相传的族源、英雄、历史、文化的再现使命。

　　苗族迁徙的历程是艰辛、苦难的，迁徙途中的光怪陆离却是迷人的。他们善于从迁徙途中寻求生命意义，又从苦难中构建人伦规范，他们赋予迁徙以非同一般的意义。他们充分利用身体、语言、穿戴、图画、建筑等媒介，表达对天地宇宙的认识、对生命意义的理解、对人伦道德的阐述、对生活艺术的想象。于是，基于迁徙现象而产生的苗族文化便变得异常丰富。苗族将天地宇宙挑绣在服饰上，得出了天圆地方的朴素见解；将历史文化唱进歌声里，延续了民族文化一以贯之的坚韧品性；将跋涉足迹画在了岩壁上，应对苦难能始终奋勇不屈。其丰富的内涵、奇特的形式、隐忍的表达，成为这个民族独特的魅力，成为这个民族极具异禀的审美旨趣。从这个层面扩而大之，苗族的历史文化，便具备了一种神秘文化的潜在魅力与内涵支撑。苗族神秘文化最为典型的表现是巴代文化现象。从隐藏的文化内涵因子分析来看，巴代文化实则是苗族生存发展、生产生活、伦理道德、物质精神等文化现象的活态传承。

　　苗族丰富的民族传奇经历造就了其深厚的历史文化，但其不羁的民族精神又使得这个民族成为封建统治者征伐打压的对象。甚至可以说，一部封建史，就是一部苗族的压迫屈辱史。封建统治者压迫苗族同胞惯用的手段，一是征战屠杀，二是愚昧民众，历经千年演绎，苗族同胞之于本民族历史、祖先伟大事功，慢慢忽略，甚至抹杀性遗忘。

　　一个伟大民族的悲哀莫过于此！

四

历经苦难，走向辉煌。中华人民共和国成立后，得益于党的民族政策，苗族与全国其他少数民族一样，依托民族区域自治法，组建了系列具有本民族特色的少数民族自治机构，千百年被压在社会底层的苗族同胞，翻身当家做主人，他们重新直面苗族的历史文化，系统挖掘、整理、提升本民族历史文化，切实找到了民族的历史价值和民族文化自信。贵州和湖南湘西武陵山区一带，自古就是封建统治阶级口中的"武陵蛮"的核心区域。这一块曾经被统治阶级视为不毛之地的蛮荒地区，如今得到了国家的高度重视，中央整合武陵山片区4省市71个县市，实施了武陵山片区扶贫攻坚战略。作为国家区域大扶贫战略中的重要组成部分，武陵山区苗族同胞的脱贫发展牵动着党中央、国务院关注的目光。武陵山区苗族同胞感恩党中央，激发内生动力，与党中央同步共振，掀起了一场轰轰烈烈的脱贫攻坚世纪大战。

苗族是湘西土家族苗族自治州两大主体民族之一，要推进湘西发展，当前基础性的工作就是要完成两大主体民族脱贫攻坚重点工作，自然，苗族承担的历史使命责无旁贷。在这样的语境下，推进湘西发展、推进苗族聚集区同胞脱贫致富，就是要充分用好、用活苗族深厚的历史文化资源，以挖掘、提升民族文化资源品质，提升民族文化自信心；要全面整合苗族民族文化资源精华，去芜存菁，把文化资源转化为现实生产力，服务于我州经济社会的发展。

正是贯彻这样的理念，湘西土家族苗族自治州立足少数民族自治地区的民族资源特色禀赋，提出了生态立州、文化强州的发展理念，围绕生态牌、文化牌打出了"全域旅游示范区建设""国内外知名生态文化公园"系列组合拳，民族文化旅游业蓬勃发展，民族地区脱贫攻坚工作突飞猛进。在具体操作层面，州委、州政府提出了以"土家探源""神秘苗乡"为载体、深入推进我州文化旅游产业发展的口号，重点挖掘和研究红色文化、巫傩文化、苗疆文化、土司文化。基于此，州政协按照服务州委、州政府中心工作和民生热点难点的履职要求，组织相关专家学者，联合相关出版机构，在申报重点课题的基础上，深度挖掘苗族历史文化，按课题整理、出版苗族历史文化丛书。

人类具有社会属性，所以才会对神话故事、掌故、文物和文献进行著录和收传。以民族出版社出版、吴荣臻主编的五卷本《苗族通史》和贵州民族出版社出版的《苗族古歌》系列著作为标志，苗学研究进入了一个新的历史时期。

湘西土家族苗族自治州政协组织牵头的《湘西苗族民间传统文化丛书》记载了苗疆文化的主要内容，是苗族文化研究的重要成果。它不但整理译注了浩如烟海的有关苗疆的历史文献，出版了史料文献丛书，还记录整理了苗族人民口传心录的苗族古歌系列、巴代文化系列等珍贵资料，并展示了当代文化研究成果。

　　党的十八大以来，以习近平同志为核心的党中央，以"一带一路"倡议为抓手，不断推进人类命运共同体建设，以实现中华民族伟大复兴的中国梦为目标，不断推进理论自信、道路自信、制度自信和文化自信。没有包括苗族文化在内的各个少数民族文化的复兴，也不会有完全的中华民族伟大复兴。

　　因此，从苗族历史文化中探寻苗族原典文化，发现新智慧、拓展新路径，从而提升民族文化自信力，服务湘西生态文化公园建设，推进精准扶贫、精准脱贫，实现乡村振兴，进而实现湘西现代化建设目标，善莫大焉！

　　此为序！

2018 年 9 月 5 日

专家序一

掀起湘西苗族巴代文化的神秘面纱

汤建军

2017 年 9 月 7 日，根据中共湖南省委安排，我在中共湘西州委做了题为"砥砺奋进的五年"的形势报告。会后，在湘西州社科联谭必四主席的陪同下，考察了一直想去的花垣县双龙镇十八洞村。出于对民族文化的好奇，考察完十八洞村后，我根据中共湖南省委网信办在花垣县挂职锻炼的范东华同志的热诚推荐，专程拜访了苗族巴代文化奇人石寿贵老先生，参观其私家苗族巴代文化陈列基地。石寿贵先生何许人也？花垣县双龙镇洞冲村人。他是本家祖传苗师"巴代雄"第 32 代掌坛师、客师"巴代扎"第 11 代掌坛师、民间正一道第 18 代掌坛师。石老先生还是湘西州第一批命名的"非物质文化遗产 (以下简称'非遗') 保护"名录"苗老司"代表性传承人、湖南省第四批"非遗"名录"苗族巴代"代表性传承人、吉首大学客座教授、中国民俗学会蚩尤文化研究基地蚩尤文化研究会副会长、巴代文化学会会长。他长期从事巴代文化、道坛丧葬文化、民间习俗礼仪文化等苗族文化的挖掘搜集、整编译注及研究传承工作。一直以来，他和家人，动用全家之财力、物力和人力，经过近 50 年的全身心投入，在本家积累 32 代祖传资料的基础上，又走访了贵州、四川、湖北、湖南、重庆等周边 20 多个县市有名望的巴代坛班，通过本家厚实的资料库加上广泛搜集得来的资料，目前已整编译注出 7 大类 76 本

2500多万字及4000余幅仪式彩图的《巴代文化系列丛书》，且准备编入《湘西苗族民间传统文化丛书》进行出版。这7大类76本具体包括：第一类，基础篇10本；第二类，苗师科仪20本；第三类，客师科仪10本；第四类，道师科仪5本；第五类，侧记篇4本；第六类，苗族古歌14本；第七类，历代手抄本扫描13本。除了书稿资料以外，石寿贵先生还建立起了8000多分钟的仪式影像、238件套的巴代实物、1000多分钟的仪式音乐、此前他人出版的有关苗族巴代民俗的藏书200余册以及包括一整套待出版的《湘西苗族民间传统文化丛书》在内的资料档案。此前，他还主笔出版了《苗族道场科仪汇编》《苗师通书诠释》《湘西苗族古老歌话》《湘西苗族巴代古歌》四本著作。其巴代文化研究基地已建立起巴代文化的三大仪式、两大体系、八大板块、三十七种类苗族文化数据库，成为全国乃至海内外苗族巴代文化资料最齐全系统、最翔实厚重、最丰富权威的亮点单位。"苗族巴代"在2016年6月入选第四批湖南省"非遗"保护名录。2018年6月，石寿贵老先生获批为湖南省第四批非物质文化遗产保护项目"苗族巴代"代表性传承人。

走进石寿贵先生的巴代文化挖掘搜集、整编译注、研究及陈列基地，这是一栋两层楼的陈列馆，没有住人，全部都是用来作为巴代文化资料整编译注和陈列的。一楼有整编译注工作室和仪式影像投影室等，中堂为有关图片及字画陈列，文化气息扑面而来。二楼分别为巴代实物资料、文字资料陈列室和仪式腔调录音室及仪式影像资料制作室等，其中32个书柜全都装满了巴代书稿和实物，真可谓书山文海、千册万卷、博大精深、琳琅满目。

石老先生所收藏和陈列的巴代文化各种资料、物件和他本人的研究成果极大地震撼了我们一行人。我初步翻阅了石老先生提供的《湘西苗族巴代揭秘》一书初稿，感觉这些著述在中外学术界实属前所未闻、史无前例、绝无仅有。作者运用独特的理论体系资料、文字体系资料以及仪式符号体系资料等，全面揭露了湘西苗族巴代的奥秘，此书必将为研究苗族文化、苗族巴代文化学和中国民族学、民俗学、民族宗教学以及苗族地区摄影专家、民族文化爱好者提供线索、搭建平台与铺设道路。我当即与湘西州社科联谭必四主席商量，建议他协助和支持石老先生将《湘西苗族巴代揭秘》一书申报湖南省社科普及著作出版资助。经过专家的严格评选，该书终于获得了出版资助，在湖南教育出版社得到出版。因为这是一本在总体上全面客观、科学翔实、通俗形象地介绍苗族巴代及其文化的书，我相信此书一定会成为广大读者喜闻喜阅、喜欣喜爱的书，一定能给苗族历代祖先以慰藉，一定能更好地传播苗民族文化精华，一定能深入弘扬中华民族优秀传统文化。

2017 年 12 月 6 日，我应邀在中南大学出版社宣讲党的十九大精神时，结合如何策划选题，重点推介了石寿贵先生的苗族巴代文化系列研究成果，希望中南大学出版社在前期积累的基础上，放大市场眼光，挖掘具有民族特色的文化遗产，积极扶持石老先生巴代文化成果的出版。这个建议得到了吴湘华社长及其专业策划团队的高度重视。2018 年 1 月 30 日，国家出版基金资助项目公示，由中南大学出版社挖掘和策划的石寿贵编著的《巴代文化系列丛书》中的 10 本作为第一批《湘西苗族民间传统文化丛书》入选。该丛书以苗族巴代原生态的仪式脚本(包括仪式结构、仪式程序、仪式形态、仪式内容、仪式音乐、仪式气氛、仪式因果等)记录为主要内容，原原本本地记录了苗师科仪、客师科仪、道师绕棺戏科仪以及苗族古歌、巴代历代手抄本扫描等脚本资料，建立起了科仪的文字记录、图片静态记录、影像动态记录、历代手抄本文献记录、道具法器实物记录等资料数据库，是目前湘西苗族地区种类较为齐全、内容翔实、实物彩图丰富生动的原生态民间传统资料，充分体现了苗族博大精深、源远流长的文化内涵和艺术价值，对今后全方位、多视角、深层次研究苗族历史文化有着极其重要的价值和深远的意义。

　　从《湘西苗族民间传统文化丛书》中所介绍的内容来看，可以说，到目前为止，这套丛书是有关领域中内容最系统翔实、最丰富完整、最难能可贵的资料了。此套书籍如此广泛深入、全面系统、尽数囊括、笼统纳入，实为古今中外之罕见，堪称绝无仅有、弥足珍贵，也是有史以来对苗族巴代文化的全面归纳和科学总结。我想，这既是石老先生和他的祖上及其家眷以及政界、学界、社会各界对苗族文化的热爱、执着、拼搏、奋斗、支持、帮助的结果，也体现出了石寿贵老先生对苗族文化所做出的巨大贡献。这套丛书将成为苗族传统文化保护传承、研究弘扬的新起点和里程碑。用学术化的语言来说，这 300 余种巴代科仪就是巴代历代以来所主持苗族的祭祀仪式、习俗仪式以及各种社会活动仪式的具体内容。但仪式所表露出来的仅仅只是表面形式而已，更重要的是包含在仪式里面的文化因子与精神特质。关于这一点，石寿贵老先生在丛书中也剖析得相当清晰，他认为巴代文化的形成是苗族文化因子的作用所致。他认为：世界上所有的民族和教派都有不同于其他民族的文化因子，比如佛家的因果轮回、慈善涅槃、佛国净土，道家的五行生克、长生久视、清静无为，儒家的忠孝仁义、三纲五常、齐家治国，以及纳西族的"东巴"、羌族的"释比"、东北民族的"萨满"、土家族的"梯玛"等，无不都是严格区别于其他民族或教派的独特文化因子。由某个民族文化因子所产生出来的文化信念，在内形成了该民族的观念、性格、素质、气节和精神，在外则形成了该民族的风格、习俗、形象、身份和标志。通过内外因素的共同作用，形成支撑该民族生生不息、发展壮大、繁荣富强的不竭动力。苗族巴代文化的核心理念是人类的"自我不灭"真性，在这一文化因子的影响下，形成了"自我崇拜"或"崇拜自我、维护自我、服务自我"的人类生存哲学体系。这种理论和实践体现在苗师"巴代雄"祭祀仪式的方方面面，比如上供时所说的"我吃你吃，我喝你喝"。说过之后，还得将供品一滴不漏地吃进口中，意思为我吃就是我的祖先吃，我喝就是我的祖先喝，我就是我的祖先，我的祖先就是我，祖先虽亡，但他的血液在我的身上流淌，他的基因附在我的身上，祖先的化身就是当下的我，并且一直延续到永远，这种自我真性没有被泯灭掉。同时，苗师"巴代雄"所祭祀的对象既不是木偶，也不是神像，更不是牌位，而是活人，是舅爷或德高望重的活人。这种祭祀不同于汉文化中的灵魂崇拜、鬼神崇拜或自然崇拜，而是实实在在的、活生生的自我崇拜。这就是巴代传承古代苗族主流文化(因子)的内在实质和具体内容。无怪乎如来佛祖降生时一手指天，一手指地，所说的第一句话就是："天上地下，唯我独尊。"佛祖所说的这个"我"，指的绝非本人，而是宇宙间、世界上的真性自我。

石老先生认为，从生物学的角度来说，世界上一切有生命的动植物的活动都是维护自我生存的活动，维护自我毋庸置疑。从人类学的角度来说，人类的真性自我不生不灭，世间人类自身的一切活动都是围绕有利于自我生存和发展这个主旨来开展的，背离了这个主旨的一切活动都是没有任何价值和意义的活动。从社会科学的角度来说，人类社会所有的科普项目、科学文化，都是从有利于人类自我生存和发展这个主题来展开的，如果离开了这条主线，科普也就没有了任何价值和意义。从人类生存哲学的角度来说，其主要的逻辑范畴，也是紧紧地把握人类这个大的自我群体的生存和发展目标去立论拓展的，自我生存成为最大的逻辑范畴；从民族学的角度来说，每个要维护自己生生不息、发展壮大的民族，都要有自己强势优越、高超独特、先进优秀的文化来作支撑，而要得到这种文化支撑的主体便是这个民族大的自我。

石老先生还说，从维护小的生命、个体的小自我到维护大的人类、群体的大自我，是生物世界始终都绕不开的总话题。因而，自我不灭、自我崇拜或崇拜自我、服务自我、维护自我，在历史上早就成为巴代文化的核心理念。正是苗师"巴代雄"所奉行的这个"自我不灭论"宗旨教义，所行持的"自我崇拜"的教条教法，涵盖了极具广泛意义的人类学、民族学以及哲学文化领域中的人类求生存发展、求幸福美好的理想追求。也正是这种自我真性崇拜的文化因子，才形成了我们的民族文化自信，锻造了民族的灵魂素质，成就了民族的精神气节，才能坚定民族自生自存、自立自强的信念意识，产生出民族生生不息、发展壮大的永生力量。这就充分说明，苗族的巴代文化，既不是信鬼信神的巫鬼文化，也不是重巫尚鬼的巫傩文化，而是从基因实质的文化信念到灵魂素质、意识气魄的锻造殿堂，是彻头彻尾的精神文化，这就是巴代文化和巫鬼文化、巫傩文化的本质区别所在。

乡土的草根文化是民族传统文化体系的基因库，只要正向、确切、适宜地打开这个基因库，我们就能找到民族的根和魂，感触到民族文化的神和命。巴代作为古代苗族主流文化的传承者，作为一个族群社会民众的集体意识，作为支撑古代苗族生存发展、生生不息的强大的精神支柱和崇高的文化图腾，作为苗族发展史、文明史曾经的符号，作为中华民族文化大一统中的亮丽一簇，很少被较为全面系统、正向正位地披露过。

巴代是古代苗族祭祀仪式、习俗仪式、各种社会活动仪式这三大仪式的主持者，更是苗族主流文化的传承者。因为苗族在历史上频繁迁徙、没有文字、不属王化、封闭保守等因素，再加上历史条件的限制与束缚，为了民族的生存和发展，苗族先人机灵地以巴代所主持的三大仪式为本民族的显性文化表象，来传承苗族文化的原生基因、本根元素、全准信息等这些只可意会、不可言传的隐性文化实质。又因这三大仪式的主持者叫巴代，故其所传承、主导、影响的苗族主流文化又被称为巴代文化，巴代也就自然而然地成为聚集古代苗族的哲学家、法学家、思想家、社会活动家、心理学家、医学家、史学家、语言学家、文学家、理论家、艺术家、易学家、曲艺家、音乐家、舞蹈家、农业学家等诸大家之精华于一身的上层文化人，自古以来就一直受到苗族人民的信任、崇敬和尊重。

巴代文化简单说来就是三大仪式、两大体系、八大板块和三十七种文化。其包括了苗族生存发展、生产生活、伦理道德、物质精神等从里到表、方方面面、各个领域的文化。巴代文化必定成为有效地记录与传承苗族文化的大乘载体、百科全书以及活态化石，必定成为带领苗族人民从远古一直走到近代的精神支柱和家园，必定成为苗族文化的根、魂、神、质、形、命的基因实质，必定成为具有苗族代表性的文化符号与文化品牌，必定成为苗族优秀的传统文化、神秘湘西的基本要素。

石老先生委托我为他的丛书写篇序言，因为我的专业不是民族学研究，不能从专业角度给予中肯评价，为读者做好向导，所以我很为难，但又不好拒绝石老先生。工作之余,我花了很多时间认真学习他的相关著述,总感觉高手在民间,这些文字是历代苗族文化精华之沉淀,文字之中透着苗族人的独特智慧,浸润着石老先生及历代巴代们的心血智慧,更体现出了石老先生及其家人一生为传承苗族文化所承载的常人难以想象的、难以忍受的艰辛、曲折、困苦、执着和担当。

这次参观虽然不到两个小时,却发现了苗族巴代文化的正宗传人。遇见石老先生,我感觉自己十分幸运,亦深感自己有责任、有义务为湘西苗族巴代文化及其传人积极推荐,努力让深藏民间的优秀民族文化遗产能够公开出版。石老先生的心愿已了,感恩与我们一样有这种情结的评审专家和出版单位对《湘西苗族民间传统文化丛书》的厚爱和支持。我相信,大家努力促成这些书籍公开出版,必将揭开湘西苗族巴代文化的神秘面纱,必将开启苗族巴代文化保护传承、研究弘扬、推介宣传的热潮,也必将引发湘西苗族巴代文化旅游的高潮。

略表数言,抛砖引玉,是为序。

(作者系湖南省社会科学院党组成员、副院长,湖南省省情研究会会长、研究员)

专家序二

罗康隆

　　我来湘西 20 年,不论是在学校,还是在村落,听到当地苗语最多的就是"巴代"(分"巴代雄"与"巴代扎")。起初,我也不懂巴代的系统内涵,只知道巴代是湘西苗族的"祭师",但经过 20 年来循序渐进的认识与理解,我深知,湘西苗族的"巴代",并非用"祭师"一词就可以简单替代。

　　说实在的,我是通过《湘西苗族调查报告》和《湘西苗族实地调查报告》这两本书来了解湘西的巴代文化的。1933 年 5 月,国立中央研究院的凌纯声、芮逸夫来湘西苗区调查,三个月后凌纯声、芮逸夫离开湘西,形成了《湘西苗族调查报告》(2003 年 12 月由民族出版社出版)。该书聚焦于对湘西苗族文化的展示,通过实地摄影、图画素描、民间文物搜集,甚至影片拍摄,加上文字资料的说明等,再现了当时湘西苗族社会文化的真实图景,其中包含了不少关于湘西苗族巴代的资料。

　　当时,湘西乾州人石启贵担任该调查组的顾问,协助凌纯声、芮逸夫在苗区展开调查。凌纯声、芮逸夫离开湘西时邀请石启贵代为继续调查,并请国立中央研究院聘石启贵为湘西苗族补充调查员,从此,石启贵正式走上了苗族研究工作的道路。经过多年的走访调查,石启贵于 1940 年完成了《湘西苗族实地调查报告》(2008 年由湖南人民出版社出版)。在该书第十章"宗教信仰"中,他用了 11 节篇幅来介绍湘西苗族的民间信仰。2009 年由中央民族大学"985 工程"中国少数民族非物质文化研究与保护中心与台湾"中央研究院"历史语言研究所联合整理,在民族出版社出版了《民国时期湘南苗族调查实录(1~8 卷)(套装全 10 册)》,包括民国习俗卷、椎猪卷、文学卷、接龙卷、祭日月神卷、祭祀神辞汉译卷、还傩愿卷、椎牛卷(上)、椎牛卷(中)、椎牛卷(下)。由是，人们对湘西苗族"巴代"有了更加系统的了解。

我作为苗族的一员，虽然不说苗语了，但对苗族文化仍然充满着热情与期待。在我主持学校民族学学科建设之初，就将苗族文化列为重点调查与研究领域，利用课余时间行走在湘西的腊尔山区苗族地区，对苗族文化展开调查，主编了《五溪文化研究》丛书和《文化与田野》人类学图文系列丛书。在此期间结识了不少巴代，其中就有花垣县董马库的石寿贵。此后，我几次到石寿贵家中拜访，得知他不仅从事巴代活动，而且还长期整理湘西苗族的巴代资料，对湘西苗族巴代有着系统的了解和较深的理解。

我被石寿贵收集巴代资料的精神所感动，决定在民族学学科建设中与他建立学术合作关系，首先给他配备了一台台式电脑和一台摄像机，可以用来改变以往纯手写的不便，更可以将巴代的活动以图片与影视的方式记录下来。此后，我也多次邀请他到吉首大学进行学术交流。在台湾"中央研究院"康豹教授主持的"深耕计划"中，石寿贵更是积极主动，多次对他所理解的"巴代"进行阐释。他认为湘西苗族的巴代是一种文化，巴代是古代苗族祭祀仪式、习俗仪式、各种社会活动仪式这三大仪式的主持者，是苗族文化的传承载体之一，是湘西苗族"百科全书"的构造者。

巴代文化成为苗族文化的根、魂、神、质、形、命的基因实质。这部《湘西苗族民间传统文化丛书》含 7 大类 76 本 2500 多万字及 4000 余幅仪式彩图，还有 8000 多分钟仪式影像、238 件套巴代实物、1000 多分钟仪式音乐等，形成了巴代文化资料数据库。这些资料弥足珍贵，以苗族巴代仪式结构、仪式程序、仪式形态、仪式内容、仪式音乐、仪式气氛、仪式因果为主要内容进行记录。这是作者在本家 32 代祖传所积累丰厚资料的基础上，通过近 50 年对贵州、四川、湖南、湖北、重庆等省市周边有名望的巴代坛班走访交流，行程达 10 万多公里，耗资 40 余万元，竭尽全家之精力、人力、财力、物力，对巴代文化资料进行挖掘、搜集与整理所形成的资料汇编。

这些资料的样本存于吉首大学历史与文化学院民间文献室，我安排人员对这批资料进行了扫描，准备在 2015 年整理出版，并召开过几次有关出版事宜的会议，但由于种种原因未能出版。今天，它将由中南大学出版社申请到的国家出版基金资助出版，也算是了结了我多年来的一个心愿，这是苗族文化史上的一件大好事。这将促进苗族传统文化的保护，极大地促进民族精神的传承和发扬，有助于加强、保护与弘扬传统文化，对落实党和国家加强文化大发展战略有着特殊的使命与价值。

(作者系吉首大学历史与文化学院院长、湖南省苗学学会第四届会长)

概　述

　　《湘西苗族民间传统文化丛书》以苗族巴代原生态的仪式脚本(包括仪式结构、仪式程序、仪式形态、仪式内容、仪式音乐、仪式气氛、仪式因果等)记录为主要内容,原原本本地记录了苗师科仪、客师科仪、道师绕棺戏科仪以及苗族古歌、巴代历代手抄本扫描等脚本资料,建立起了科仪文字记录、图片静态记录、影像动态记录、历代手抄本文献记录、道具法器实物记录等资料数据库,为抢救、保护、传承、研究这些濒临灭绝的苗族传统文化打牢了基础,搭建了平台,提供了必需的条件。

　　巴代是古代苗族祭祀仪式、习俗仪式、各种社会活动仪式这三大仪式的主持者,也是苗族主流文化的传承载体之一。古代苗族在涿鹿之战后因为频繁迁徙、分散各地、没有文字、不属王化、封闭保守等因素,形成了具有显性文化表象和隐性文化实质这二元文化的特殊架构。基于历史条件的限制与束缚,为了民族的生存和发展,苗族先人机灵地以巴代所主持的三大仪式为本民族的显性文化表象,来传承苗族文化的原生基因、本根元素、全准信息等这些只可意会、不可言传的隐性文化实质。因为三大仪式的主持者叫巴代,故其所传承、主导、影响的苗族主流文化又被称为巴代文化,巴代也就自然而然地成为聚集古代苗族的哲学家、史学家、宗教家等诸大家之精华于一身的上层文化人,自古以来就一直受到苗族人民的信任、崇敬和尊重。

　　巴代文化简单说来就是三大仪式、两大体系、八大板块和三十七种文化。其包括了苗族生存发展、生产生活、伦理道德、物质精神等从里到表、方方面面各个领域的文化。巴代文化必定成为有效地记录与传承苗族文化的大乘载体、百科全书以及活态化石，必定成为带领苗族人民从远古一直走到近代的精神支柱和家园，必定成为苗族文化的根、魂、神、质、形、命的基因实质，必定成为具有苗族代表性的文化符号与文化品牌，必定成为苗族优秀的传统文化之一、神秘湘西的基本要素。

苗族的巴代文化与纳西族的东巴文化、羌族的释比文化、东北民族的萨满文化、汉族的儒家文化、藏族的甘朱尔等一样，是中华文明五千年的文化成分和民族文化大花园中的亮丽一簇，是苗族文化的本源井和柱标石。巴代文化的定位是苗族文化的全面归纳、科学总结与文明升华。

近代以来，由于种种原因，巴代文化濒临灭绝。为了抢救这种苗族传统文化，笔者在本家 32 代祖传所积累丰厚资料的基础上，又通过近 50 年以来对贵州、四川、湖南、湖北、重庆等省市周边有名望的巴代坛班走访交流，行程 10 多万公里，耗资 40 余万元，竭尽全家之精力、人力、财力、物力，全身心投入巴代文化资料的挖掘、搜集、整编译注、保护传承工作中，到目前已形成了 7 大类 76 本 2500 多万字及 4000 余幅仪式彩图的《湘西苗族民间传统文化丛书》(以下简称《丛书》)有待出版，建立起了《丛书》以及 8000 多分钟的仪式影像、238 件套的巴代实物、1000 多分钟的仪式音乐等巴代文化资料数据库。该《丛书》已成为当今海内外唯一的苗族巴代文化资源库。

7 大类 76 本 2500 多万字及 4000 余幅仪式彩图的《丛书》在学术界也称得上是鸿篇巨制了。为了使读者能够在大体上了解这套《丛书》的基本内容，在此以概述的形式来逐集进行简介是很有必要的。

这套洋洋大观的《丛书》，是一个严谨而完整的不可分割的体系，按内容属性可分为 7 大类型。因整套《丛书》的出版分批进行，在出版过程中根据实际情况对《丛书》结构做了适当调整，调整后的内容具体如下：

第一类：基础篇。分别是：《许愿标志》《手诀》《巴代法水》《巴代道具法器》《文疏表章》《纸扎纸剪》《巴代音乐》《巴代仪式图片汇编》《湘西苗族民间传统文化丛书通读本》等。

第二类：苗师科仪。分别是：《接龙》(第一、二册)，《汉译苗师通鉴》(第一、二、三册)，《苗师通鉴》(第一、二、三、四、五、六、七、八册)，《苗师"不青"敬日月车祖神科仪》(第一、二、三册)，《敬家祖》，《敬雷神》，《吃猪》，《土昂找新亡》。

第三类：客师科仪。分别是：《客师科仪》(第一、二、三、四、五、六、七、八、九、十册)。

第四类：道师科仪。分别是：《道师科仪》(第一、二、三、四、五册)。

第五类：侧记篇之守护者。

第六类：苗族古歌。分别是：《古杂歌》，《古礼歌》，《古阴歌》，《古灰歌》，《古仪歌》，《古玩歌》，《古堂歌》，《古红歌》，《古蓝歌》，《古白歌》，《古人歌》，《汉译苗族古歌》(第一、二册)。

第七类：历代手抄本扫描。

本套《丛书》的出版将为抢救、保护、传承、研究这些濒临灭绝的苗族传统文化打牢基础、搭建平台和提供必需的条件；为研究苗族文化，特别是研究苗族巴代文化学、民族学、民俗学、民族宗教学等，以及这些学科的完善和建设做出贡献；为研究、关注苗族文化的专家学者以及来苗族地区的摄影者提供线索与方便。《丛书》的出版，将有力地填补苗族巴代文化学领域里的空缺和促进苗族传统文明、文化体系的完整，使苗族巴代文化成为中华民族文化大花园中的亮丽一簇。

石寿贵
2020 年秋于中国苗族巴代文化研究中心

前 言

　　巴代纸扎纸剪是苗族剪扎工艺之一。巴代是苗族祭祀仪式、习俗仪式以及各种社会活动仪式这三大仪式的主持者，纸扎、纸剪便是其所要传承的"写、画、雕、扎、剪，吹、打、舞、诵、唱，绝技医合功，诚信祈福康"这十五种技艺中的两种。

　　纸扎纸剪是巴代在仪式中扎制祭祀坛场、布置神坛所应用的一种剪扎工艺。这种工艺所使用的材料多为纸张、竹木、绳索、浆糊等，所使用的工具多为剪刀、篾刀等。通过剪扎设置坛场来达到物化神境以及庄严神秘、肃穆恭敬地祭祀之目的。巴代神辞中的"遍地装成金世界，满堂化着玉乾坤"就是通过纸扎纸剪工艺手法来表现的。

　　本书所收录的图案，在纸扎方面，大型规模的有"还傩愿"仪式中的傩堂扎制、"上刀梯"仪式中的街场扎制、"开天门"及"法坛管兵"仪式中的法桥扎制、"保洞斋"仪式中的36桌神坛扎制以及"祭奠"仪式中的金山银山、金童玉女、灵堂灵屋扎制等。中型规模的有"追魂"仪式中的愿标扎制、"净宅"仪式中的斋坛扎制、"接龙"仪式中的龙堂龙街龙屋扎制等。至于小型规模的就更多了，在此不一一列举。而在纸剪方面，各种花纹图案多达100余种，分别有吊卦类、门额类、神联类、格子花类、植物类、动物类、牌匾类、日月星辰类、工具器物类、捆边类等。

在苗族区域内，各地的巴代纸扎纸剪种类繁多，图案丰富，花纹多样，应有尽有，数不胜数。由于篇幅有限，只能列出一些较为常用的简单范例，望读者理解见谅。

编　者

目 录

第一册 基本式样(一)

洞门纸剪式样之一(石开林摄)

张挂后的洞门纸剪(石开林摄)

洞门纸剪式样之二(石国慧摄)

洞门纸剪式样之三。挂于傩堂大门上方,两边配有门额吊挂五色纸。(石国慧摄)

张挂于主家大门上方的洞门纸剪(石国慧摄)

吊挂纸剪式样之一。挂于神坛上方。届时还须在空白处写上字，以表明此堂祭祀之程序或内容(石金津摄)

吊挂纸剪式样之二。挂于神坛上方。届时还须在空白处写上"吉祥""安康"等字样(石金津摄)

吊挂纸剪式样之三(一)。吊挂上的空白处书写与祭祀内容有关的字样,如"奉神、设供、请师、修建、太上、正一、酬恩、赛愿、谢天、答地、祈福、保安、庆贺、迎祥、具疏、呈请、法事、一堂、法延、一席、道场、一供"等内容,借以表明此堂祭祀之名称、内容、程序、目的等(石金津摄)

吊挂纸剪式样之三(二)(石金津摄)

吊挂纸剪式样之三(三)(石金津摄)

吊挂纸剪式样之四(一)(石金津摄)

吊挂纸剪式样之四(二)(石金津摄)

吊挂纸剪式样之五(一)。左为四角开花格,右为双喜孔格(石金津摄)

吊卦纸剪式样之五(二)。昙花古钱格(石金津摄)

吊挂纸剪式样之六(一)。左为方花格,右为螃蟹格(石金津摄)

纸扎纸剪

吊挂纸剪式样之六(二)。左为圆花格,右为云花格(石金津摄)

吊挂纸剪式样之七(一)。左为四眼格,右为四叶格(石金津摄)

吊挂纸剪式样之七(二)。左为金葫芦格,右为金瓜格(石金津摄)

吊卦纸剪式之八。左为葵花格,右为夹花格(石金津摄)

　　吊晖纸剪式样之一（一）。挂于神坛上方正中。为"中秋"（地球形状）格式，用黄纸剪制，其两侧须搭配相应的五色纸吊晖，有写字的，也有不写字而只剪花的，称为"上方五色纸吊晖"（石金津摄）

　　吊晖纸剪式样之一（二）（石金津摄）

吊晖及其两侧(石金津摄)

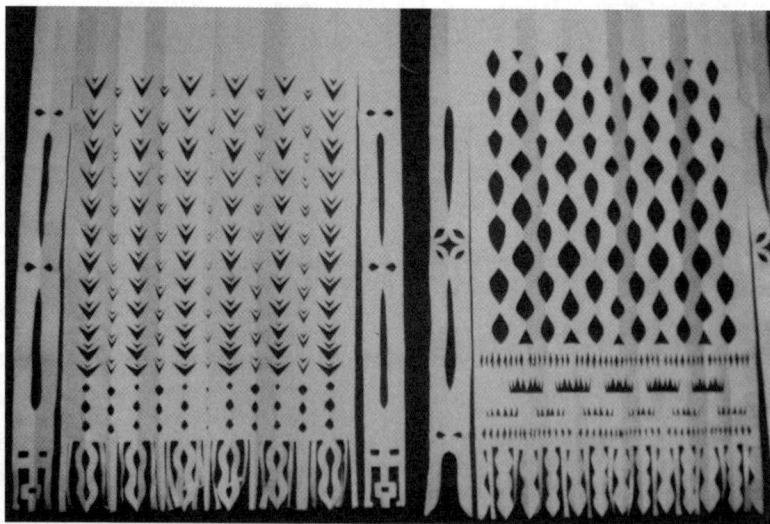

吊晖纸剪式样之二(一)。左为齿条格,右为天罗地网格(石
金津摄)

吊晖纸剪式样之二(二)。左为八角莲格,右为雪花纷飞格
(石金津摄)

吊晖纸剪式样之二(三)。左为圆尖角花格,右为雪莲朵格
(石金津摄)

吊晖纸剪式样之二(四)。雪花满天飞格(石金津摄)

吊晖纸剪式样之三(一)。四
叶一窗格(石金津摄)

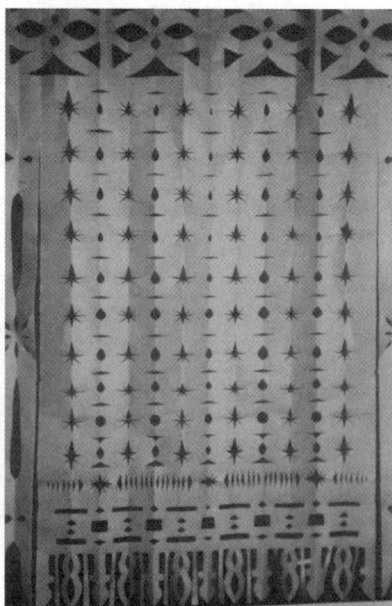

吊晖纸剪式样之三(二)。黄
连刺格(石金津摄)

吊晖纸剪式样之三(三)。
大格吊小花格(石金津摄)

吊晖纸剪式样之三(四)。
葫芦吊纸钱(石金津摄)

吊晖纸剪式样之四(一)。
五层花格(石金津摄)

吊晖纸剪式样之四(二)。
窗下含梅格(石金津摄)

吊晖纸剪式样之四（三）。雪花格（石金津摄）

吊晖纸剪式样之四（四）。古老小铜钱格（石金津摄）

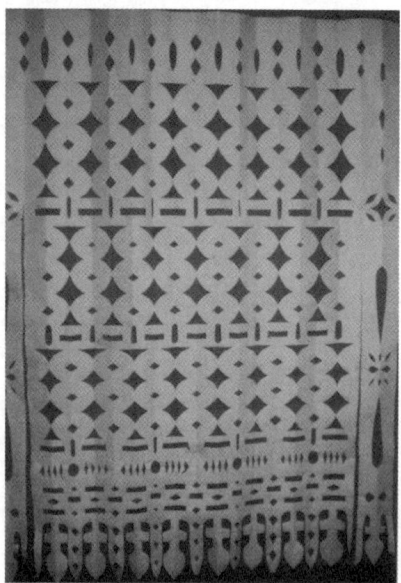

吊晖纸剪式样之五（一）。小铜钱格（石金津摄）

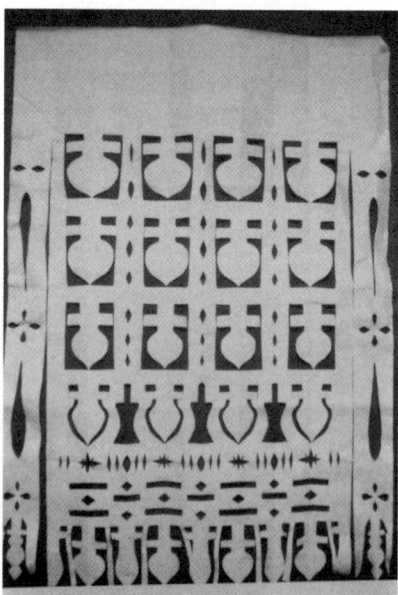

吊晖纸剪式样之五（二）。窗含绣球格（石金津摄）

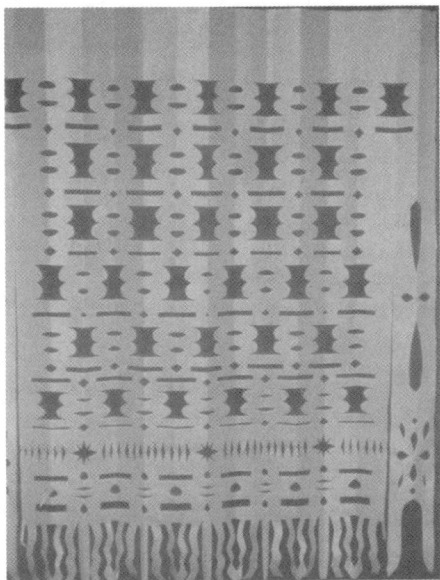

吊晖纸剪式样之五(三)。双钱
一串格(石金津摄)

吊晖纸剪式样之五(四)。古
老钱花格(石金津摄)

吊晖纸剪式样之六(一)。八
叶一杂花(石金津摄)

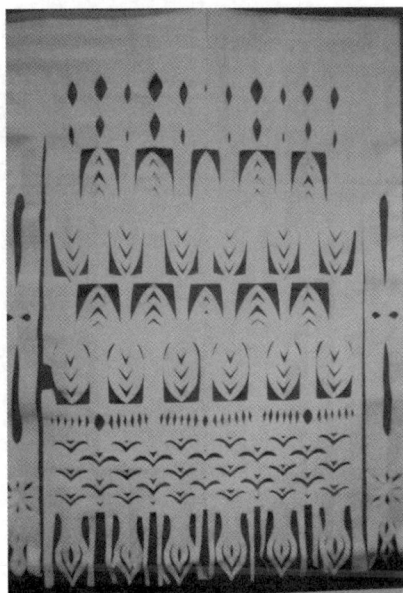

吊晖纸剪式样之六(二)。大
雁南飞格(石金津摄)

吊晖纸剪式样之六(三)。雪里梅花格(石金津摄)

小神格吊晖(石金津摄)

挂于洞门纸两侧的门额吊挂(石国慧摄)

　　傩堂内的纸扎纸剪之一。傩堂上方有六杆挂纸,从里向外,第一排为五色中秋纸;第二至五排为吊晖搭配吊联纸;第六排为斋纸(石国慧摄)

远景(石国慧摄)

中景(石国慧摄)

近景(石国慧摄)

傩堂内的纸扎纸剪之二。傩洞设置(石国福摄)

傩堂内的纸扎纸剪之三。傩坛设置(石国福摄)

傩堂内吹角行法的巴代(石国福摄)

明显式傩堂(石国福摄)

苗师祖坛内的纸扎纸剪(一)(石
国鑫摄)

苗师祖坛内的纸扎纸剪(二)
(石国鑫摄)

客师法坛内的纸扎纸剪(石国鑫摄)

客师法坛内的纸扎纸剪（石国鑫摄）

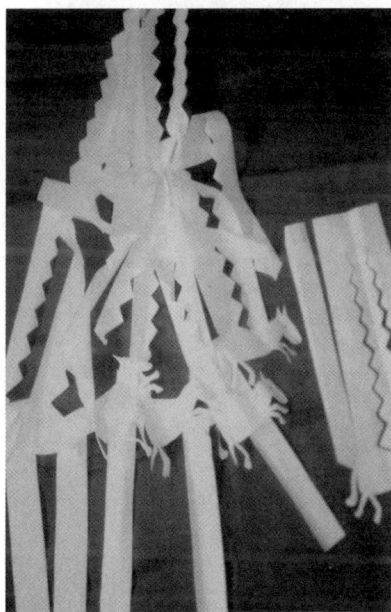

"长钱纸马"（石国鑫摄）

长纸钱。形状与古钱串相似
（石国鑫摄）

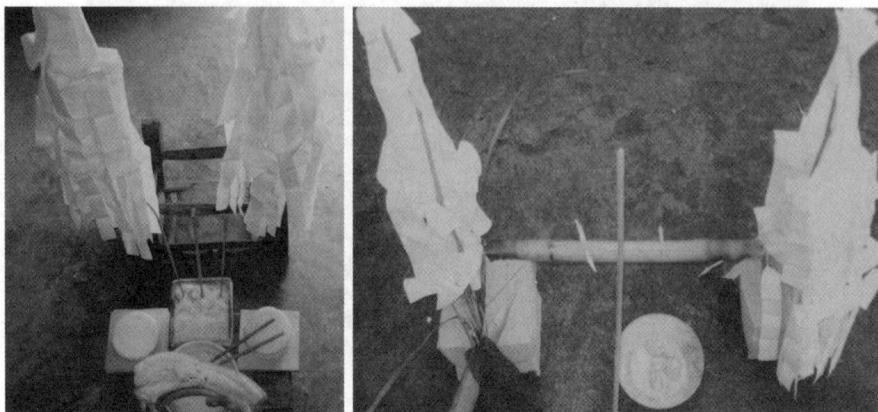

在各种祭祀坛中所张挂的长纸钱束(石国鑫摄)

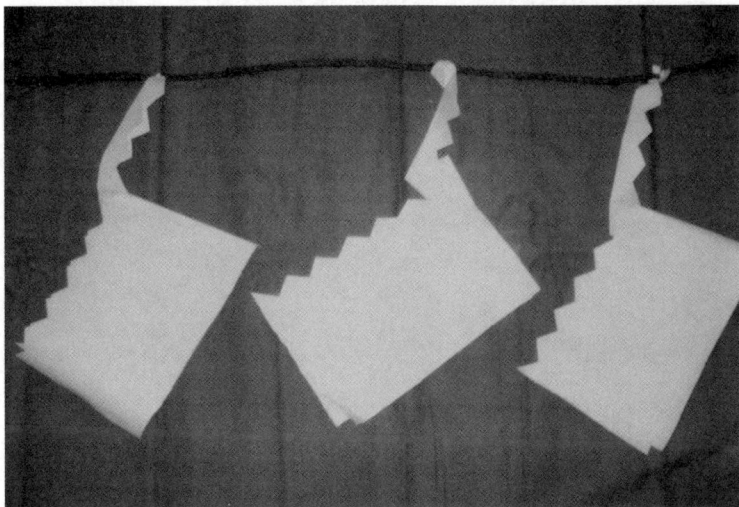

挂于傩堂大门后的第一杆斋纸的式样。大傩12束，小傩6束(石国鑫摄)

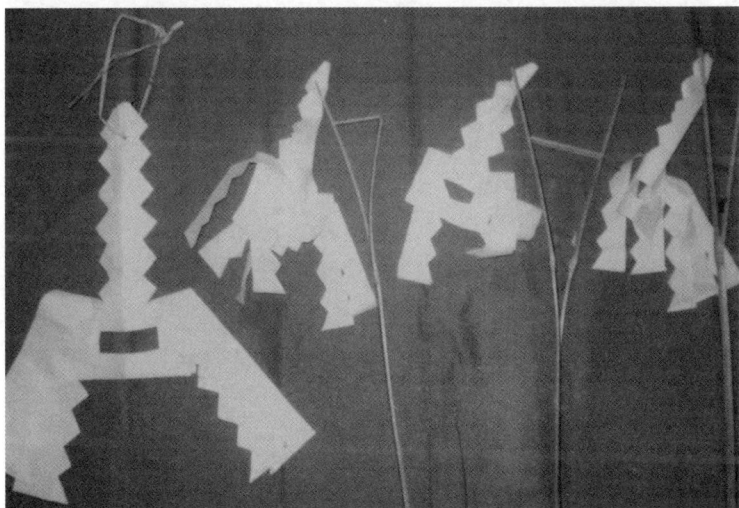

封口嘴祭祀所用的"封口纸"(石国鑫摄)

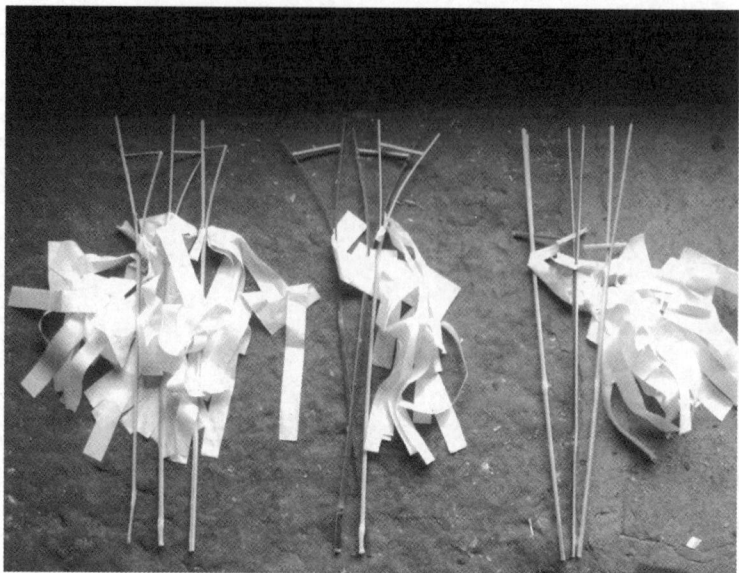

打口嘴祭祀所用的"锁口纸"(石国鑫摄)

打口嘴祭仪中"锁口纸"的摆设场景(石开林摄)

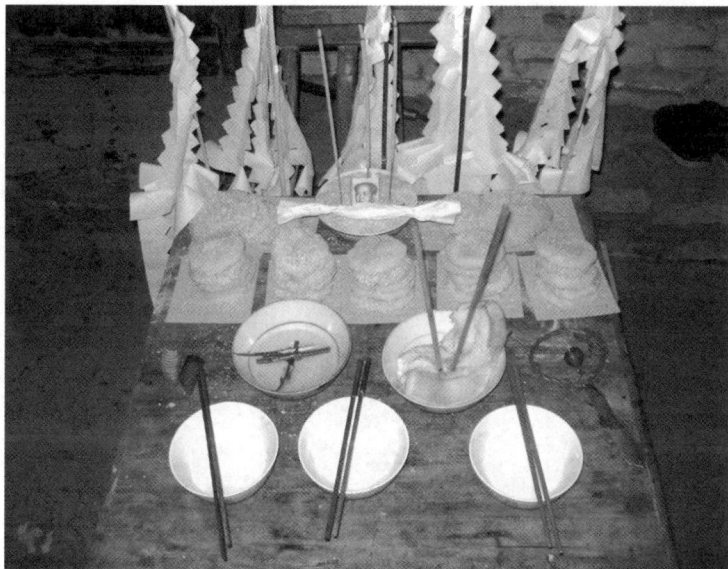

打凶兆怪异祭仪中长纸钱的摆设场景(石开林摄)

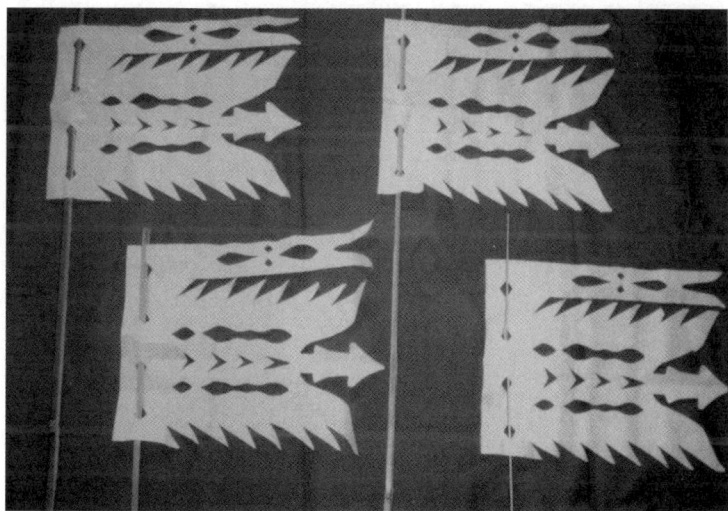

小祭(家祭)的雷神旗(石开林摄)

大祭(公祭)的雷神旗(石开林摄)

祭祀斋神时纸扎纸剪的摆设场景(石开林摄)

早斋仪式中的纸扎纸剪(石开林摄)

黄色"武猖旗"(石开林摄)

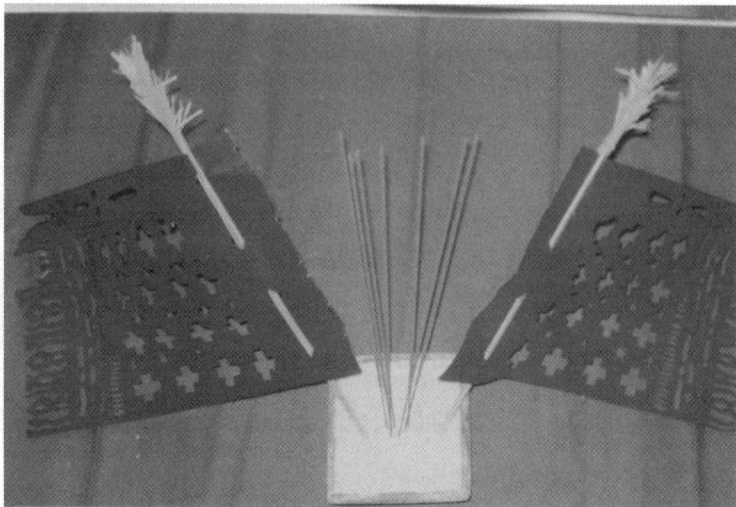

红色"武猖旗"(石开林摄)

插在供粑上的"插粑旗"之一(石开林摄)

插在供粑上的"插粑旗"之二(石开林摄)

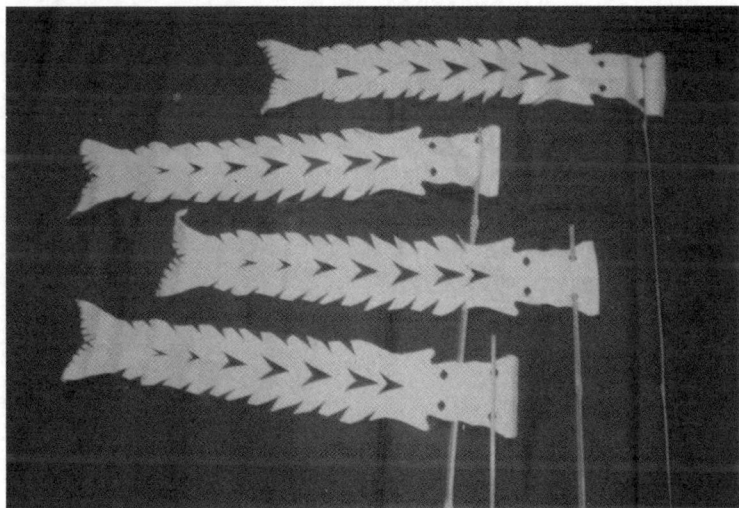

求雨祭龙神时所用的龙旗(石开林摄)

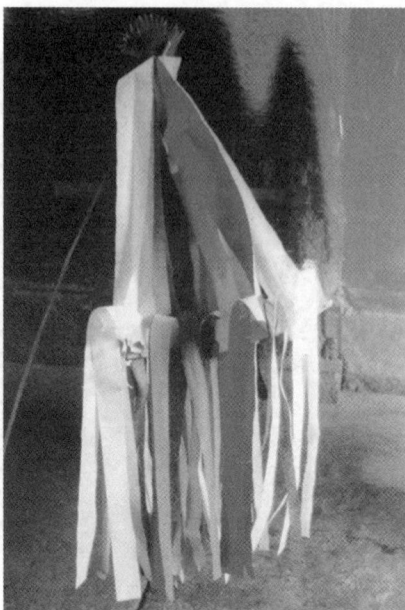

单家独户接龙祭祀时的"愿标龙旗"（石开林摄）

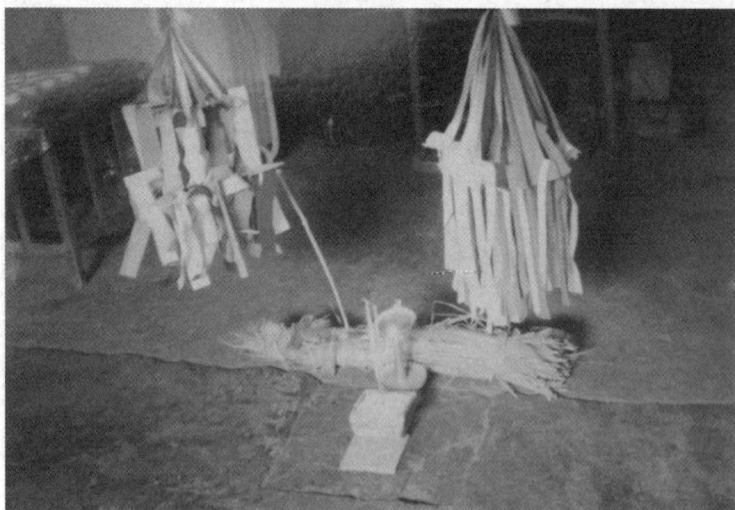

家祭龙神时插在堂屋龙岩上的龙公龙母旗（石开林摄）

接龙祭祀中的龙屋(石开林摄)

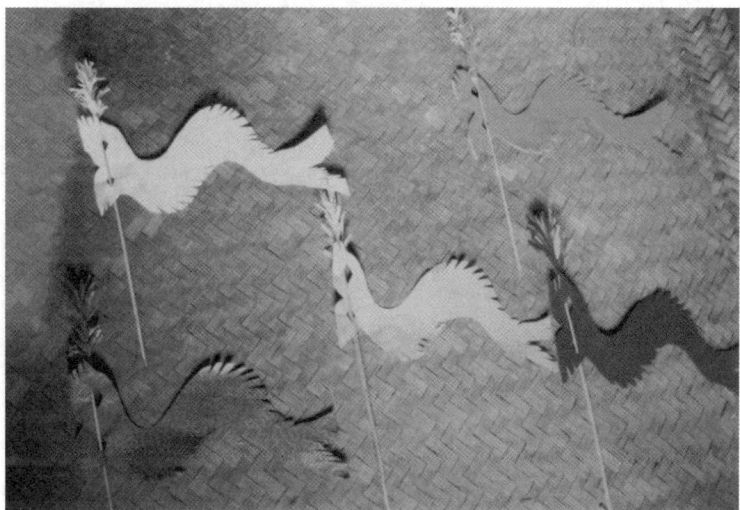

插在五方龙粑上的五色龙旗(石开林摄)

设置在主家堂屋的接龙祭坛场景(石开林摄)

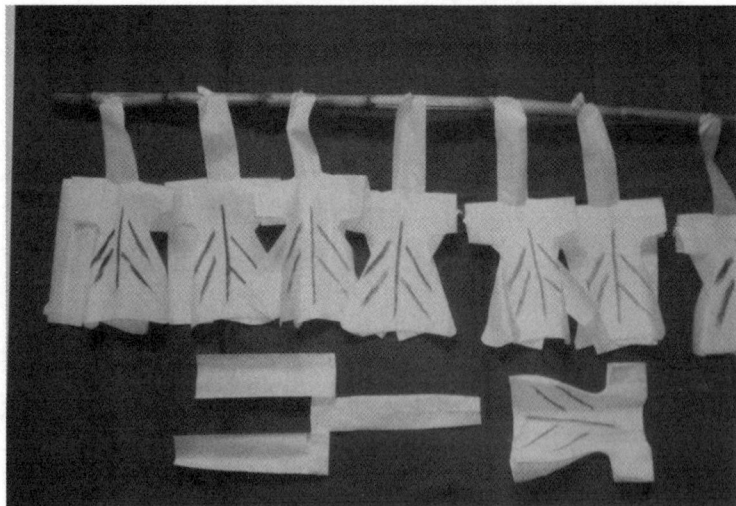

赎魂祭祀中的"纸花衣"(石开林摄)

大赎魂祭祀中的纸扎纸剪之一(石开林摄)

大赎魂祭祀中的纸扎纸剪之二(石开林摄)

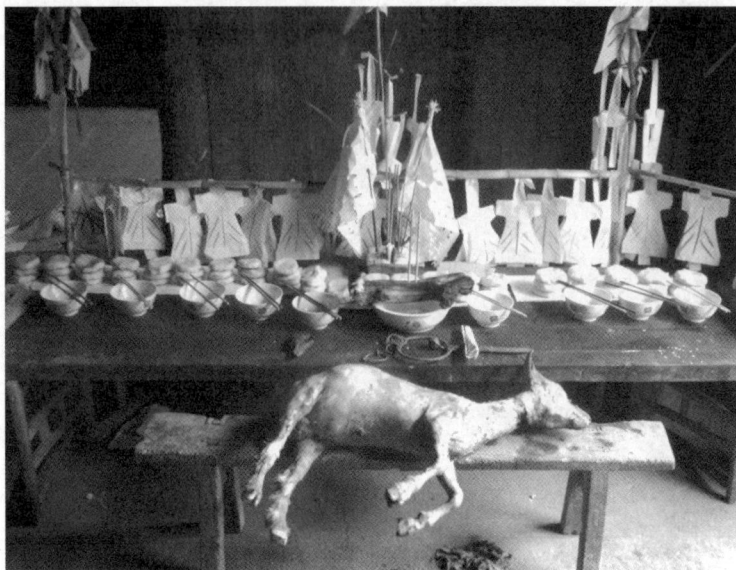

大赎魂祭祀中的纸扎纸剪之三(石开林摄)

小赎魂祭祀中的纸扎纸剪及愿标(石开林摄)

架天桥祭祀中的纸扎纸剪(石开林摄)

打扫屋祭祀中的纸扎纸剪(石开林摄)

于土地祠堂内祭祀村宗寨祖时的纸扎纸剪（石开林摄）

叩许傩愿仪式所扎制的傩神愿标（石开林摄）

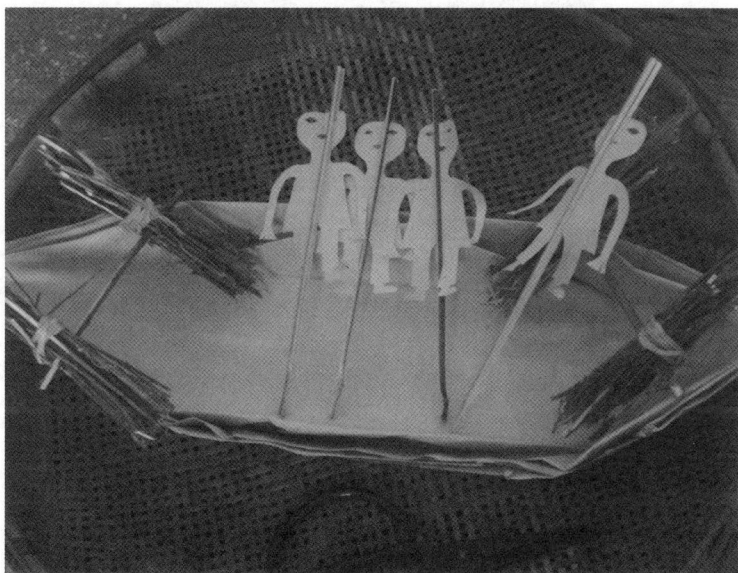

送瘟神祭祀中的纸船瘟神纸扎纸剪(石开林摄)

解洗凶秽祭祀中的纸扎纸剪(石开林摄)

小祭雅溪三王仪式中的纸扎纸剪(石开林摄)

单家独户大祭雅溪三王仪式中的纸扎纸剪(石开林摄)

大祭飞山公居杨五将军口血明王神坛中的纸扎纸剪(石开林摄)

大祭飞山公居杨五将军口血明
王副坛中的纸扎纸剪(石开林摄)

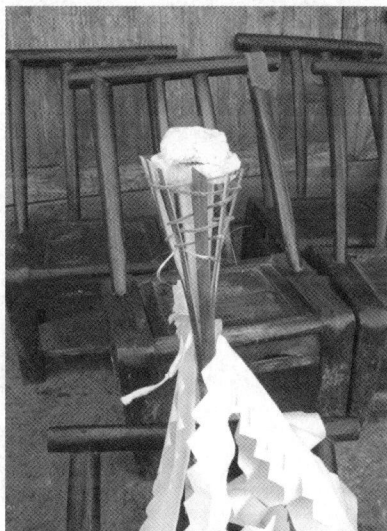

漏斗上的纸扎纸剪(石开林摄)

敬车祖神之车柱愿标的纸扎纸剪
(石开林摄)

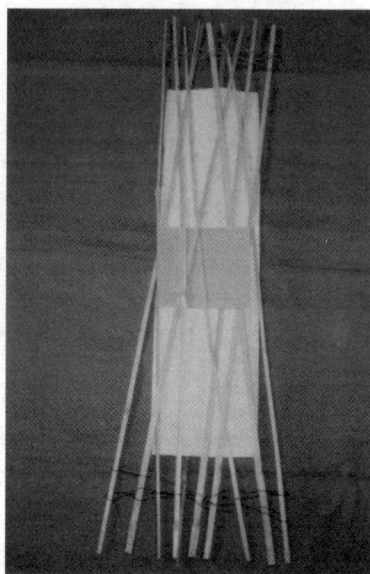

愿标的纸扎纸剪(石开林摄)

隔血咒仪式中的纸扎纸剪(石开林摄)

打冤家小纸人(石开林摄)

第二册 基本式样(二)

许雷神愿之愿标的纸扎纸剪(石国福摄)

斩煞仪式中的纸扎纸剪(石国福
摄)

许赶猖鬼愿之愿标的纸扎纸剪
(石国福摄)

许赶伤亡鬼愿之愿标的纸扎纸剪(石国福摄)

许净宅愿之愿标的纸扎纸剪(石国福摄)

许守牛神愿之愿标的纸扎纸剪(石国福摄)

许赎魂愿之愿标的纸扎纸剪(石国福摄)

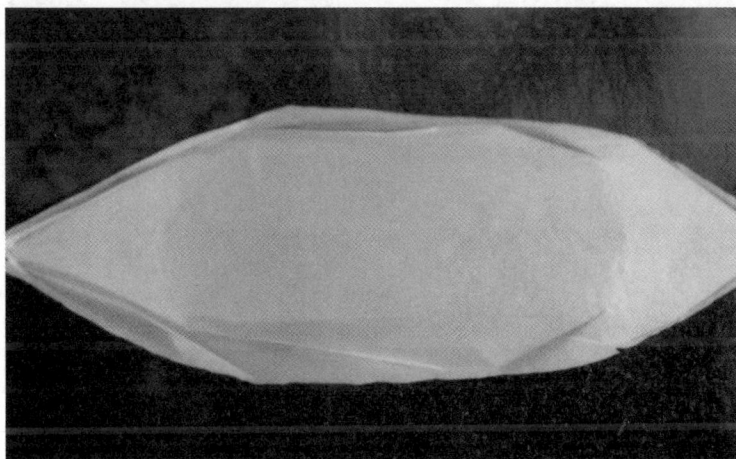

送瘟神之纸船的纸扎纸剪(石国福摄)

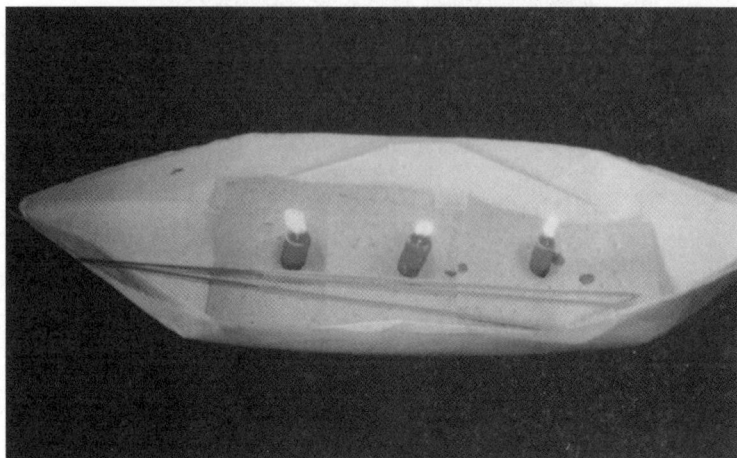

送瘟神放水灯的纸扎纸剪(石国福摄)

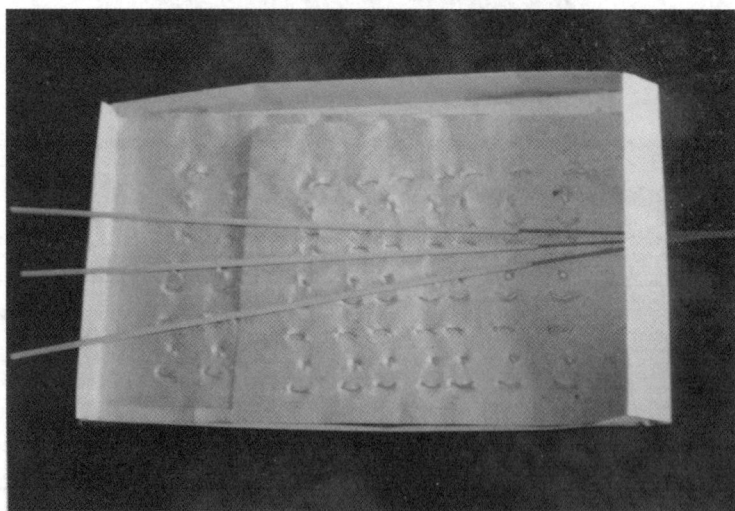

祭祀用的香盘纸扎(石国福摄)

装有功曹纸马的香盘纸扎(石国福摄)

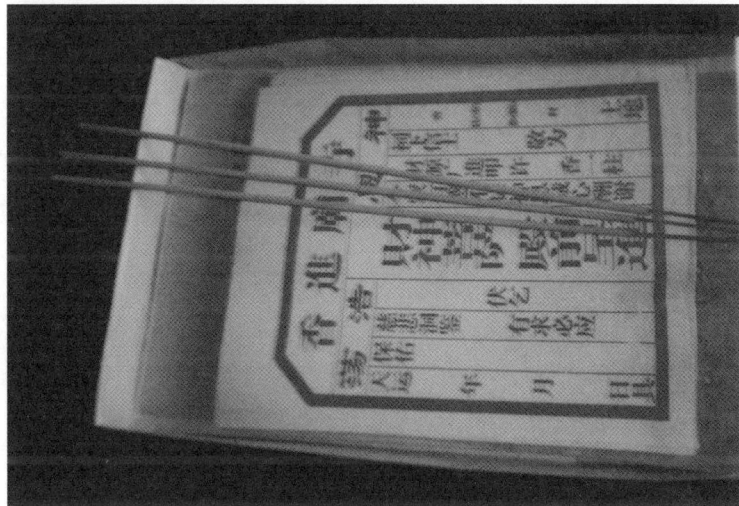

装有疏涵的香盘纸扎(石国福摄)

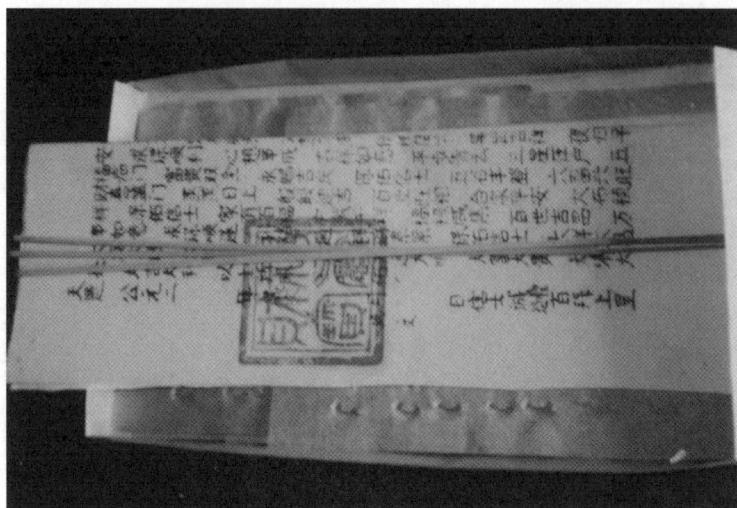

装有文疏表章的香盘纸扎(石国福摄)

第三册 苗师祭祀仪式中的应用实景

苗师祭祖山仪式坛的纸扎纸剪之一(周建华摄)

苗师祭祖山仪式坛的纸扎纸剪之二(周建华摄)

苗师祭大祖神仪式坛的纸扎纸剪之一(石开林摄)

苗师祭大祖神仪式坛的纸扎纸剪之二(石开林摄)

苗师椎牛仪式坛的纸扎纸剪(石开林摄)

苗师椎牛仪式的纸扎纸剪之一（石开林摄）

苗师椎牛仪式的纸扎纸剪之二（石开林摄）

椎牛仪式的纸扎纸剪(石开林摄)

敬洞门神的纸扎纸剪(石开林摄)

吃棒打猪仪式的纸扎纸剪(石开林摄)

苗师招新亡入祖籍仪式的纸扎纸剪之一(石开林摄)

苗师招新亡入祖籍仪式的纸扎纸剪之二（石开林摄）

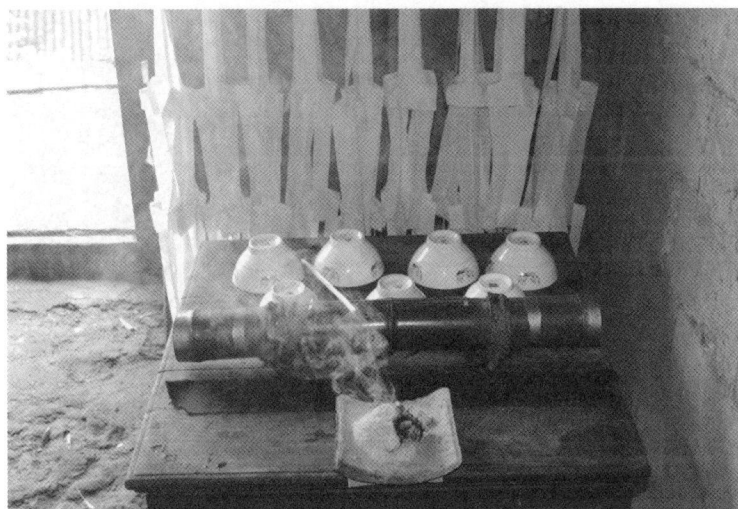

苗师祭元祖神主坛仪式的纸扎纸剪（石开林摄）

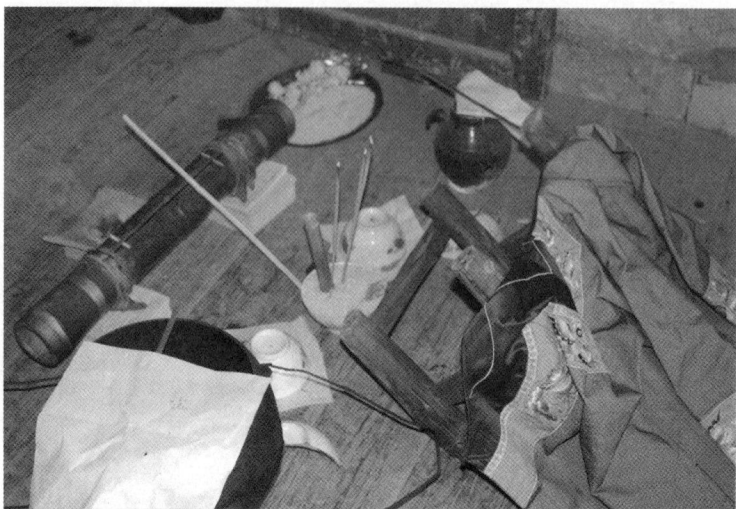

苗师祭元祖神副坛仪式的纸扎纸剪(石开林摄)

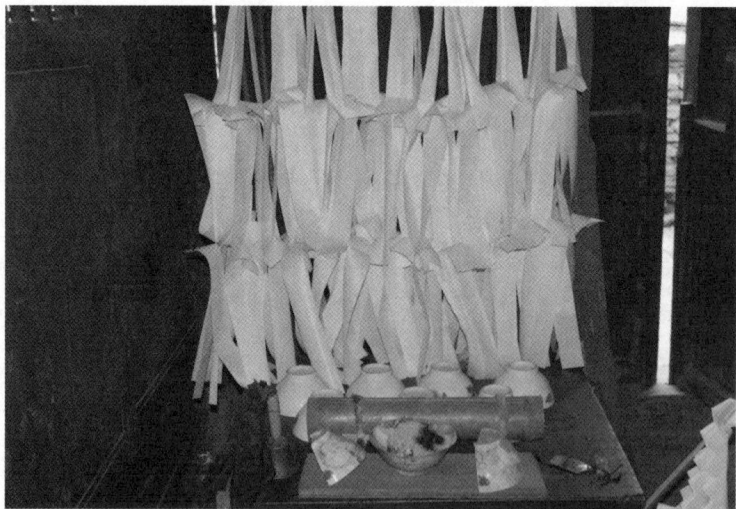

苗师吃棒打猪仪式坛的纸扎纸剪(石开林摄)

苗师祭河神仪式坛的纸扎纸剪(石开林摄)

苗师祭雷神仪式的纸扎纸剪(石开林摄)

苗师祭雷神仪式旗的纸扎纸剪(石开林摄)

苗师主持吃猪仪式坛的纸扎纸剪(石开林摄)

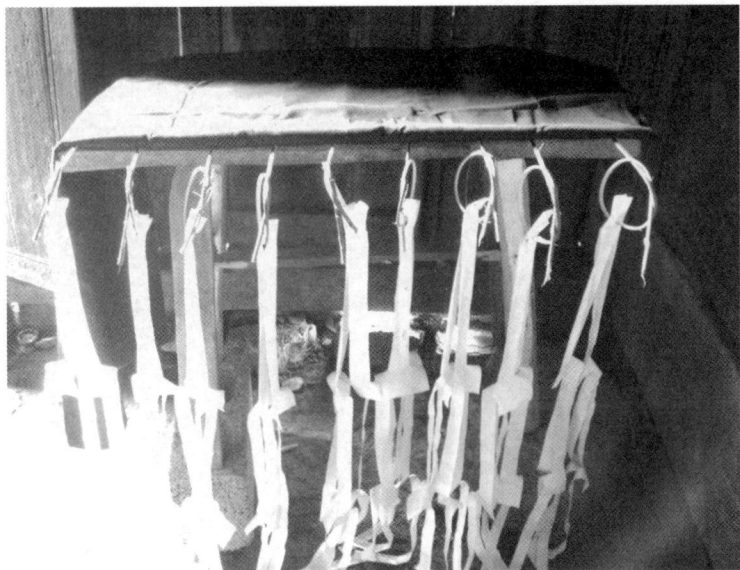

苗师主持吃猪仪式的纸扎纸剪(石开林摄)

苗师祭日月车祖神仪式的纸扎纸剪之一(石开林摄)

苗师祭日月车祖神仪式的纸扎纸剪之二(石开林摄)

苗师祭日月车祖神仪式的纸扎纸剪之三(石开林摄)

苗师椎牛仪式的纸扎纸剪(周建华摄)

苗师祭洞神仪式的纸扎纸剪(周建华摄)

苗师祭大祖神仪式的纸扎纸剪(周建华摄)

苗师祭年神仪式的纸扎纸剪(周建华摄)

苗师祭祀仪式坛的纸扎纸剪(周建华摄)

苗师祭香神仪式的纸扎纸剪(周建华摄)

苗师祭圣山仪式坛的纸扎纸剪(周建华摄)

苗师接龙仪式坛的纸扎纸剪(周建华摄)

苗师祭吕洞山仪式坛的纸扎纸剪(周建华摄)

苗师祭山神仪式的纸扎纸剪(周建华摄)

苗师祭吕洞山上表仪式的纸扎纸剪(周建华摄)

苗师祭祀旗幡的纸扎纸剪(周建华摄)

苗师祭祖山仪式的纸扎纸剪(周建华摄)

喂牛水仪式的纸扎纸剪(周建华摄)

祭大祖神仪式主坛的纸扎纸剪(周建华摄)

椎牛场内的纸扎纸剪(周建华摄)

拦门迎舅爷仪式旗幡的纸扎纸剪(周建华摄)

竹桥词仪式的纸扎纸剪(周建华摄)

巴代入赶秋场仪式的纸扎纸剪(周建华摄)

祭秋仪式旗幡的纸扎纸剪(周建华摄)

祭秋坛上的纸扎纸剪(周建华摄)

接龙仪式的纸扎纸剪之一(周建华摄)

接龙仪式的纸扎纸剪之二(周建华摄)

祭地脉龙神仪式的纸扎纸剪(周建华摄)

接龙堂内的纸扎纸剪(周建华摄)

接家龙仪式的纸扎纸剪(石开林摄)

去敬村祖路上的纸扎纸剪(周建华摄)

接龙祭坛内的纸扎纸剪(周建华摄)

接龙仪式中东方龙街的青色纸扎纸剪(石开林摄)

接龙仪式中南方龙街的赤色纸扎纸剪(石开林摄)

接龙仪式中西方龙街的白色纸扎纸剪(石开林摄)

接龙仪式中北方龙街的黑色纸扎纸剪(石开林摄)

接龙仪式中中央龙街的黄色纸扎纸剪(石开林摄)

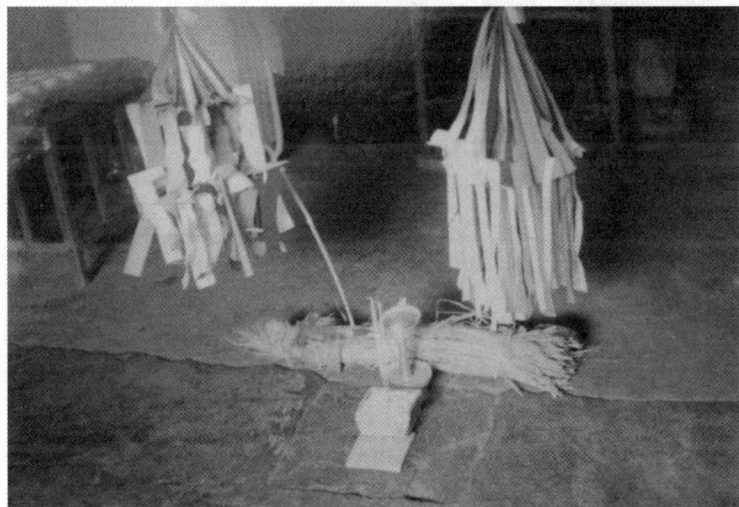

安龙仪式的五色纸扎纸剪(石开林摄)

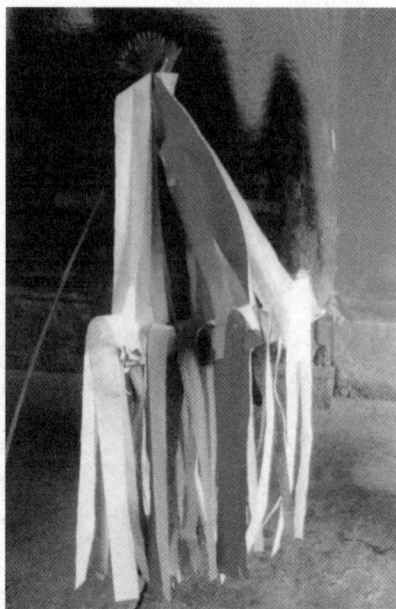

许接龙愿仪式中的纸扎纸剪(石开林摄)

木雕的盘龙(石开林摄)

敬河神的纸扎纸剪(石国慧摄)

剪纸的巴代(石国慧摄)

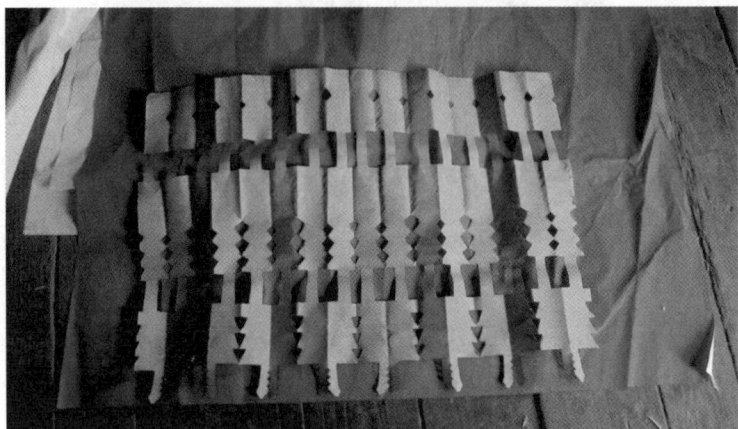

祭山龙仪式的纸扎纸剪（石国慧摄）

敬大祖神仪式主坛的纸扎纸剪（周建华摄）

祭祀秋神仪式主坛的纸扎纸剪（周建华摄）

第四册　客师祭祀仪式中的应用实景(一)

客师祭祀亡师升天仪式的纸扎纸剪之一(周建华摄)

客师祭祀亡师升天仪式的纸扎纸剪之二(周建华摄)

客师祭祀亡师升天仪式的纸扎纸剪之三(周建华摄)

客师祭祀隔死神仪式的纸扎纸剪(石国慧摄)

客师祭祀山洞寄蛇仪式的纸扎纸剪(石国慧摄)

客师祭祀向傩神许求子愿仪式的纸扎纸剪(石国慧摄)

客师祭奠古墓仪式的纸扎纸剪(石国慧摄)

客师祭祀土地寄儿仪式的纸扎纸剪(石国慧摄)

客师祭祀隔娃娃鬼仪式的纸扎纸剪(石国慧摄)

客师祭祀中型赎魂仪式的纸扎纸剪(石国慧摄)

客师祭祀赎魂愿标的纸扎纸剪(石国慧摄)

客师祭祀赎魂坛的纸扎纸剪(石国慧摄)

客师祭祀三坛赎魂仪式的纸扎纸剪(石国慧摄)

客师祭祀扫荡仪式的纸扎纸剪(石国慧摄)

客师祭祀山洞安伤亡鬼仪式的纸扎纸剪(石国鑫摄)

客师祭祀小赎魂仪式的纸扎纸剪(石国鑫摄)

客师祭祀草船送瘟神仪式的纸扎纸剪(周建华摄)

客师祭祀叩许消灾禳愿仪式的纸扎纸剪(石国鑫摄)

客师法坛的纸扎纸剪(石国鑫摄)

客师祭祀打扫屋仪式的纸扎纸剪之一（石国鑫摄）

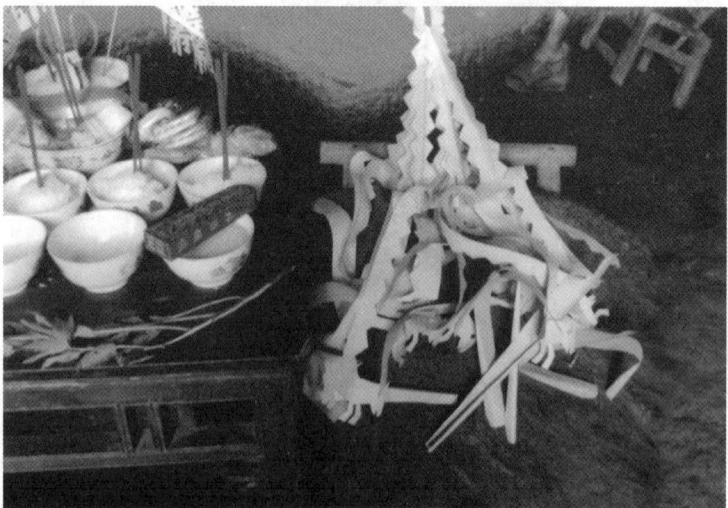

客师祭祀打扫屋仪式的纸扎纸剪之二（石国鑫摄）

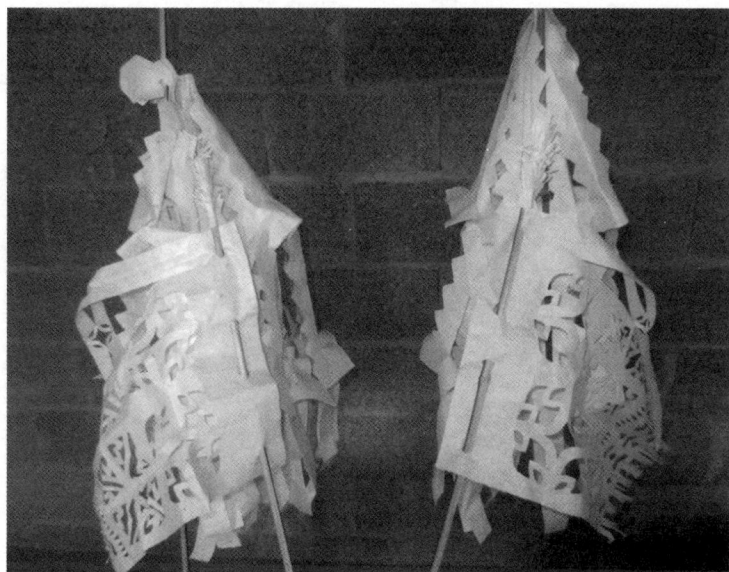

客师祭祀兵马旗的纸扎纸剪(石国鑫摄)

客师祭祀除凶净手仪式的纸扎纸剪(石国鑫摄)

客师祭祀水塘寄儿仪式的纸扎纸剪(石国鑫摄)

客师祭祀除秽仪式的纸扎纸剪(石国鑫摄)

客师祭祀解丧门星仪式的纸扎纸剪(石国鑫摄)

客师祭祀解锁仪式的纸扎纸剪(石国鑫摄)

客师祭祀架天桥求子仪式的纸扎
纸剪(石国鑫摄)

客师祭祀架木桥求子仪式的纸扎
纸剪(石国鑫摄)

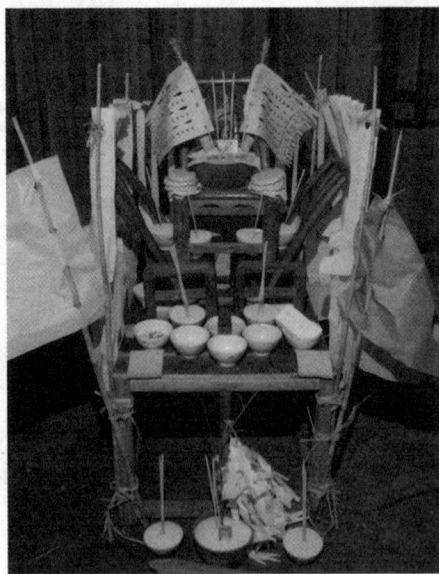

客师祭祀早斋仪式的纸扎纸剪(石国鑫摄)

客师祭祀古墓安龙仪式的纸扎纸剪(石国福摄)

客师祭祀打口嘴仪式的纸扎纸剪(石国鑫摄)

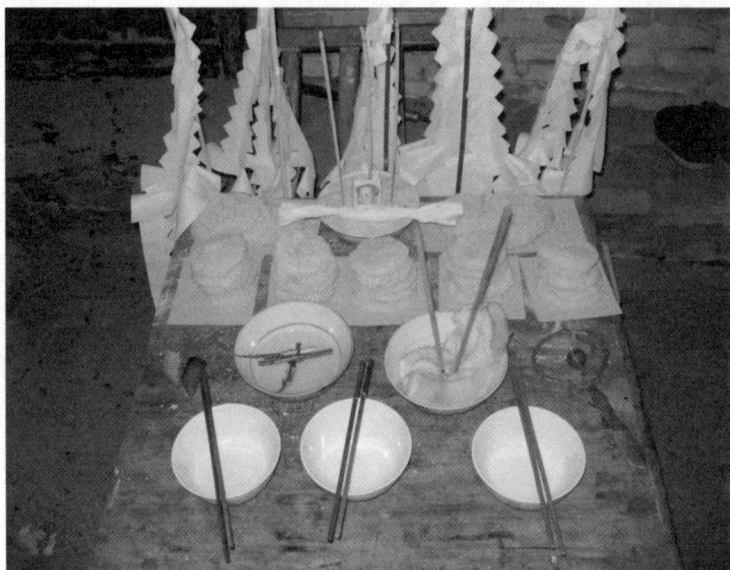

客师祭祀遣怪异仪式的纸扎纸剪(石国鑫摄)

客师祭祀赶猖鬼仪式的纸扎纸剪(石国鑫摄)

客师祭祀隔百口仪式的纸扎纸剪（石国鑫摄）

客师祭祀许赎魂愿仪式的纸扎纸剪（石国鑫摄）

客师祭祀安神龛仪式的纸扎纸剪(石国鑫摄)

客师祭祀吊挂纸扎纸剪之一(周建华摄)

客师祭祀吊挂纸扎纸剪之二(周建华摄)

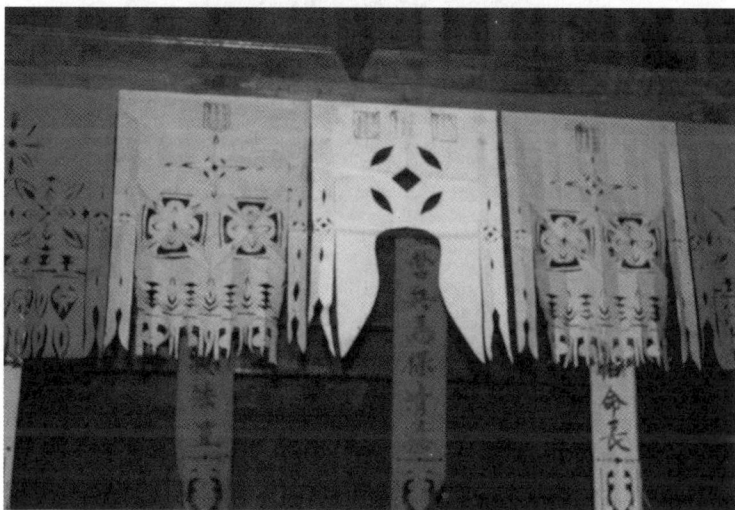

客师祭祀吊挂纸扎纸剪之三(周建华摄)

第五册 客师祭祀仪式中的应用实景(二)

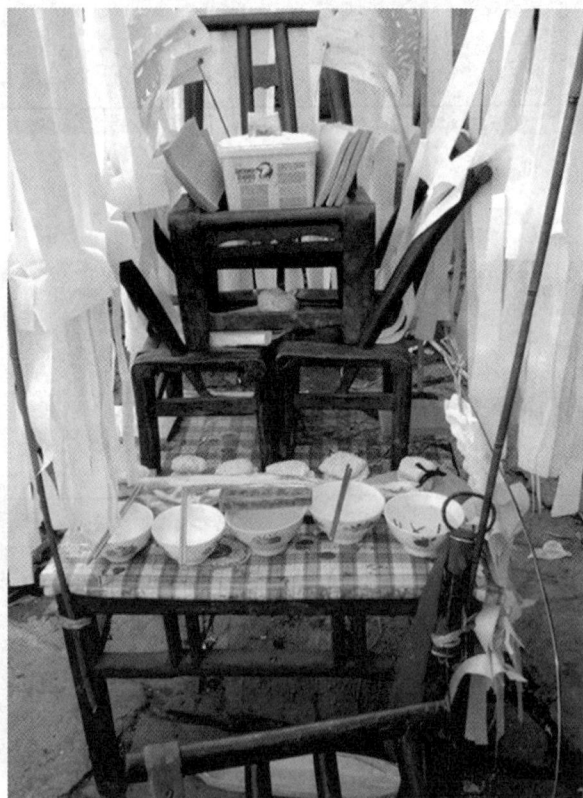

客师祭祀公安三宝仪式的纸扎纸剪(石金津摄)

客师祭祀龙雷虎将仪式的纸扎纸剪(石金津摄)

客师祭祀接寨龙仪式的纸扎纸剪

客师祭祀村祖祠仪式的纸扎纸剪(石开林摄)

客师祭祀赶天狗仪式的纸扎纸剪(石开林摄)

客师祭祀杀猖鬼仪式的纸扎纸剪(石开林摄)

客师祭祀敬公安神副坛的纸扎纸剪(石开林摄)

客师祭祀倒火场仪式的纸扎纸剪(石开林摄)

客师祭祀安西方哨仪式的纸
扎纸剪(石开林摄)

客师祭祀神坛安阴兵仪式的
纸扎纸剪(石开林摄)

客师祭祀打先锋仪式的纸扎纸剪(石开林摄)

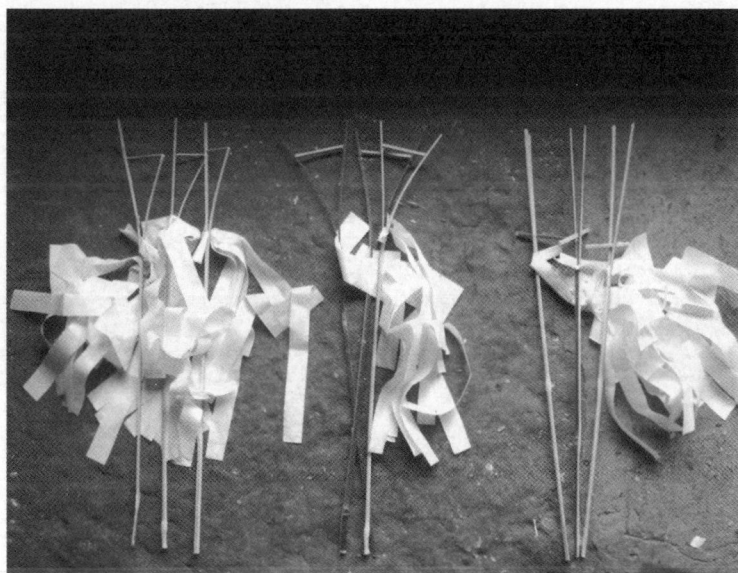

客师祭祀扎封扣百口仪式的纸扎纸剪(石开林摄)

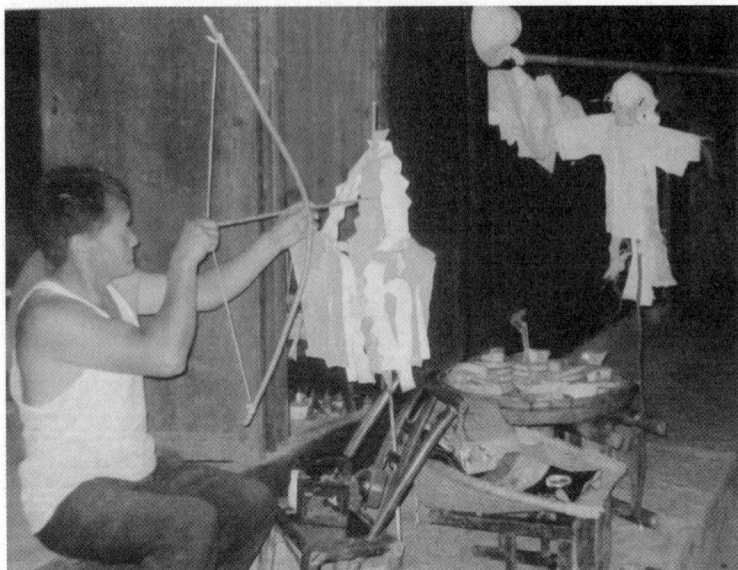

客师祭祀射杀恶鬼仪式的纸扎纸剪(石开林摄)

客师祭祀杀恶鬼仪式的纸扎纸剪(石开林摄)

客师祭祀哄鬼撵出门仪式的纸扎纸剪(石开林摄)

客师祭祀打草把鬼仪式的纸扎纸剪(石开林摄)

客师祭祀巴代出坛仪式旗幡的纸扎纸剪（石开林摄）

客师进行巴代游街荡秽仪式的纸扎纸剪（石开林摄）

客师祭祀调兵遣将仪式的纸扎纸剪(石开林摄)

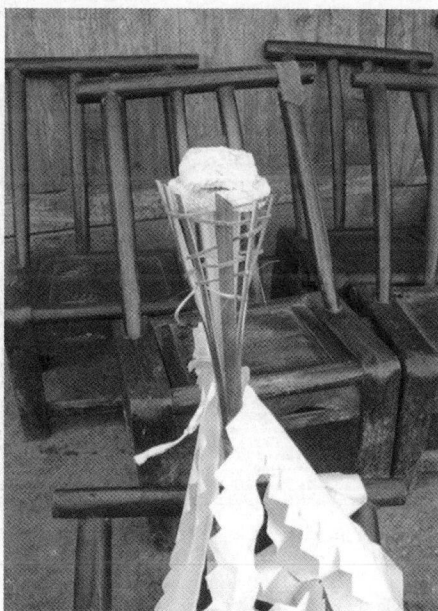

客师祭祀营兵官将仪式的纸扎纸剪(石开林摄)

客师祭祀绕棺仪式的纸扎纸剪(石国慧摄)

客师祭祀度亡师升天仪式的纸扎纸剪(石国慧摄)

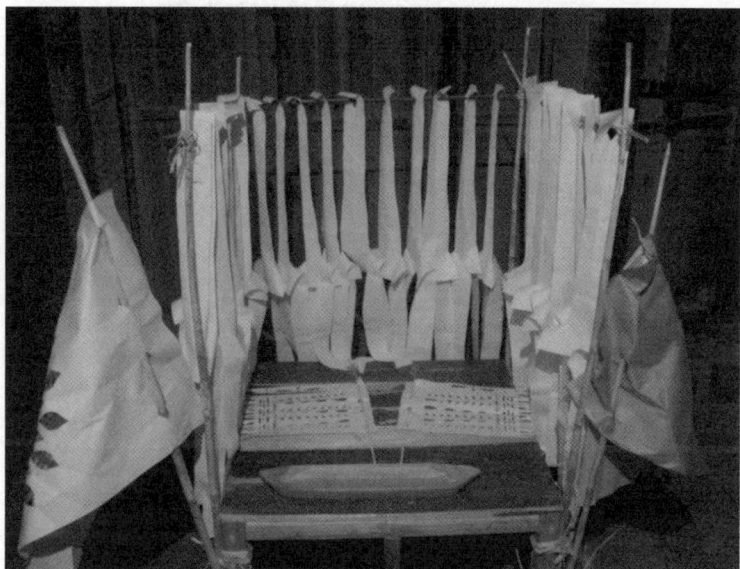

客师祭祀送瘟神仪式的纸扎纸剪（石国慧摄）

客师祭祀黑鸭绿船的纸扎纸剪（石国慧摄）

客师祭祀路道扎营仪式的纸扎纸剪(石国慧摄)

客师祭祀法堂神坛仪式的纸扎纸剪(周建华摄)

客师祭祀上刀梯仪式的纸扎纸剪(石国慧摄)

客师祭祀上刀梯仪式中刀梯下方的纸扎纸剪(石国慧摄)

傩堂放鸡发兵仪式的纸扎纸剪(周建华摄)

傩堂吊挂的纸扎纸剪(周建华摄)

第六册 客师祭祀仪式中的应用实景(三)

傩堂式样(石国鑫摄)

傩堂纸扎纸剪(石国鑫摄)

傩堂大门外之门额纸剪(石国鑫摄)

傩堂上方的纸剪挂(石国鑫摄)

傩坛设置场景(石国鑫摄)

傩洞内的傩公傩娘(石国鑫摄)

傩堂洞花(石国鑫摄)

雎堂内的长钱纸束(石国鑫摄)

牛角坛上的雎堂(石金津摄)

巴代法坛上的吊挂

巴代坛上的摆设(石金津摄)

巴代法坛吊挂（石金津摄）

吊挂特写之一

吊挂特写之二(石金津摄)

法坛上的纸花(石金津摄)

客师接龙仪式的纸扎纸剪(石金津摄)

第七册　道师度亡仪式中的应用实景

孝堂的纸扎纸剪(石国福摄)

孝堂外的纸扎纸剪(石国福摄)

护葬营哨的纸扎纸剪(石国福摄)

送葬旗幡的纸扎纸剪之一（石国福摄）

送葬旗幡的纸扎纸剪之二（石国福摄）

送葬灵轿的纸扎纸剪（石国福摄）

盖棺柩的纸扎纸剪（石国福摄）

绕棺送葬的纸扎纸剪之一(石国福摄)

绕棺送葬的纸扎纸剪之二(石国福摄)

灵堂外的纸扎纸剪（石国福摄）

棺罩的纸扎纸剪（石国福摄）

灵柩上方皇伞的纸扎纸剪(石国福摄)

灵前阴席馔供的纸扎纸剪(石国福摄)

灵前阴席的特写(石国福摄)

灵前阳席的纸扎纸剪(石国鑫摄)

灵前牌位的纸扎纸剪(石国鑫摄)

孝堂牌楼的纸扎纸剪之一(石国鑫摄)

孝堂牌楼的纸扎纸剪之二（石国慧摄）

供盘标杆的纸扎纸剪（石国鑫摄）

孝堂外旗幡的纸扎纸剪（石国鑫摄）

度亡师魂魄升天仪式的纸扎纸剪（石国慧摄）

护送亡师升天的五猖兵马旗(石国慧摄)

丧堂内神龛上的中央黄色纸旗的纸扎纸剪(石国慧摄)

丧堂神龛下的纸扎纸剪(石国慧摄)

东方青色护丧兵马旗的纸扎纸剪(石国慧摄)

门外护丧兵马旗的纸扎纸剪(石国慧摄)

南方红色护丧兵马旗的纸扎
纸剪(石国慧摄)

西方白色护丧兵马旗的纸扎
纸剪(石国慧摄)

发兵护丧帅旗上的纸扎纸剪(石国慧摄)

棺木上香盘疏函的纸扎纸剪(石国慧摄)

棺木上回避肃静三角旗的纸扎纸剪(石国慧摄)

棺木上皇伞的纸扎纸剪(石国慧摄)

猪羊祭仪式的纸扎纸剪(石国鑫摄)

喊丧礼仪式的纸扎纸剪(石国鑫摄)

亡师上方的纸扎纸剪(周建华摄)

亡师坐堂的纸扎纸剪(周建华摄)

亡师坐轿上山(周建华摄)

送葬的队伍(周建华摄)

孝堂牌楼的纸扎纸剪（周建华摄）

棺椁上方所挂的"摇钱树"的纸扎纸剪（周建华摄）

孝堂牌楼前牌位的纸扎纸剪(周建华摄)

第八册　民间纸剪花样

（本册图样由苗绣传承人吴英继提供。）

戴花姑娘(石金津摄)

鸟儿恋花(石金津摄)

荡秋千(石金津摄)

鼓上欢悦(石金津摄)

虎戏花丛(石金津摄)

二龙抢宝(石金津摄)

水中映月(石金津摄)

鸟戏绣球(石金津摄)

荷花出秀(石金津摄)

锦瓶姑娘(石金津摄)

蝶恋花魁(石金津摄)

群鱼恋花之一(石金津摄)

群鱼恋花之二(石金津摄)

鱼游花丛(石金津摄)

背篓姑娘(石金津摄)

小鹿戏花(石金津摄)

荷塘鸳鸯(石金津摄)

芦笙舞蹈(石金津摄)

花簇似锦(石金津摄)

鸟语花香(石金津摄)

仙鹤鹿花(石金津摄)

绣花姑娘(石金津摄)

丰衣足食(石金津摄)

蜘蛛蜻蜓(石金津摄)

后 记

    笔者在本家 32 代祖传的丰厚资料的基础上，通过 50 多年来对湖南、贵州、四川、湖北、重庆等五省市及周边各地苗族巴代文化资料挖掘、搜集、整理和译注，最终完成了这套《湘西苗族民间传统文化丛书》。

    本套丛书共 7 大类 76 本 2500 多万字及 4000 余幅仪式彩图，这在学术界可谓鸿篇巨制。如此成就的取得，除了本宗本祖、本家本人、本师本徒、本亲本眷之人力、财力、物力的投入外，还离不开政界、学术界以及其他社会各界热爱苗族文化的仁人志士的大力支持。首先，要感谢湖南省民族宗教事务委员会、湘西州政府、湘西州人大、湘西州政协、湘西州文化旅游广电局、花垣县委、花垣县民族宗教事务和旅游文化广电新闻出版局、吉首大学历史文化学院、吉首大学音乐舞蹈学院、湖南省社科联等各级领导和有关工作人员的大力支持；其次，要感谢中南大学出版社积极申报国家出版基金，使本套丛书顺利出版；再次，要感谢整套丛书的苗文录入者石国慧、石国福先生以及龙银兰、王小丽、龙春燕、石金津女士；最后，还要感谢苗族文化研究者、爱好者的大力推崇。他们的支持与鼓励，将为苗族巴代文化迈入新时代打下牢固的基础、搭建良好的平台；他们的功绩，将铭刻于苗族文化发展的里程碑，将载入史册。《湘西苗族民间传统文化丛书》会记住他们，苗族文化阵营会记住他们，苗族的文明史会记住他们，苗族的子子孙孙也会永远记住他们。

浩浩宇宙，莽莽苍穹，茫茫大地，悠悠岁月，古往今来，曾有我者，一闪而过，何失何得？我们匆匆忙忙地从苍穹走来，还将促促急急地回到碧落去，当下只不过是到人世间这个驿站小驻一下。人生虽然只是一闪而过，但我们总该为这个驿站做点什么或留点什么，瞬间的灵光，留下这一丝丝印记，那是供人们记忆的，最后还是得从容地走，而且要走得自然、安详、果断和干脆，消失得无影无踪……

编　者

2020 年 11 月